U0472429

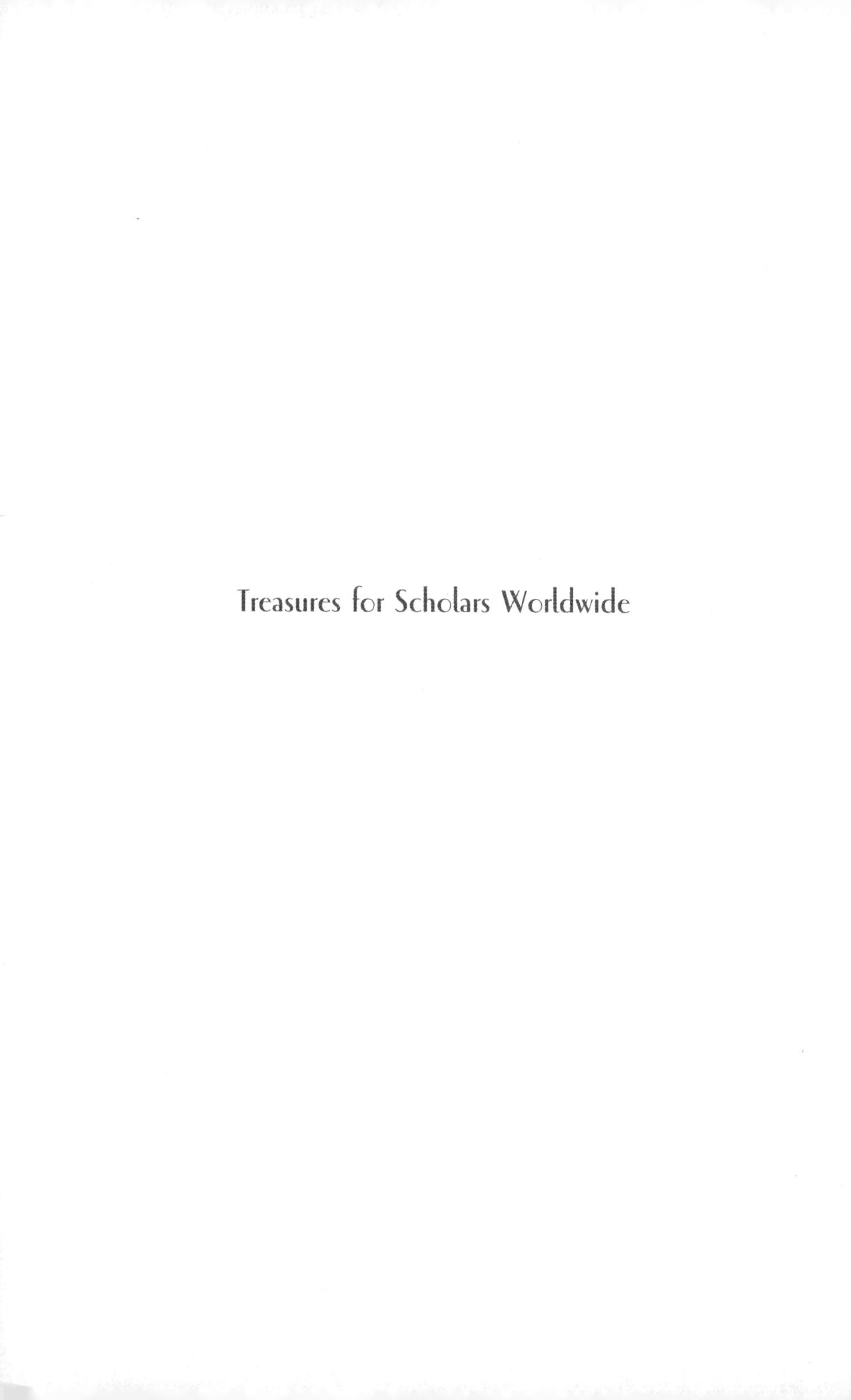
Treasures for Scholars Worldwide

广西优秀传统文化
出 版 工 程

石刻里的广西

经济商贸卷

麦思杰 潘梓业 胡韫韬_著

GUANGXI NORMAL UNIVERSITY PRESS
广西师范大学出版社
·桂林·

石刻里的广西 经济商贸卷

SHIKE LI DE GUANGXI　JINGJI SHANGMAO JUAN

图书在版编目（CIP）数据

石刻里的广西. 经济商贸卷 / 麦思杰，潘梓业，胡韫韬著.
桂林：广西师范大学出版社，2024. 12. -- ISBN 978-7-5598-7710-9

Ⅰ. G127.67-49

中国国家版本馆 CIP 数据核字第 20241DS643 号

广西师范大学出版社出版发行

（广西桂林市五里店路 9 号　邮政编码：541004
网址：http://www.bbtpress.com）

出版人：黄轩庄

全国新华书店经销

广西广大印务有限责任公司印刷

（桂林市临桂区秧塘工业园西城大道北侧广西师范大学出版社
集团有限公司创意产业园内　邮政编码：541199）

开本：880 mm × 1 230 mm　1/32

印张：7.375　　字数：152 千

2024 年 12 月第 1 版　　2024 年 12 月第 1 次印刷

定价：36. 00 元

总 序

广西地处中国南部，区位优越，东邻广东、西通云贵、南接越南，在中国与东南亚的政治、经济、文化交往中一直占有重要地位。广西这片土地不仅山川秀美、历史悠久，更因多民族的交往交流交融，绘就了璀璨的文化图景。

石刻作为一种独特的文化载体，承载着广西千百年来的历史记忆、文化传承与艺术精髓。广西石灰岩资源丰富，分布广泛，石质坚硬，便于雕镌。在尚未有文字记载的时代，广西先民就已学会在崇左花山等山岩崖壁上描绘日常生活场景，表达思想感情与艺术想象。广西现存最早的石刻，应是南朝刘宋时期的石质买地券，但刻碑风尚至少可上溯至东汉时期，东汉末建安二十一年（216）曾任零陵郡观阳长（观阳即今桂林市灌阳县）的熊君墓碑，虽立于今湖南永州市道县境内，但说明当时刻碑风气已在零陵郡一带广泛流行。

石刻在广西地区的广泛分布，不仅展现了中华文明在边疆地区扩散传播的轨迹，也是多民族交往交流交融的重要见证，为铸牢中华民族共同体意识发挥了不可替代的作用。广西历史石刻分布地域广泛、数量繁多，堪称通代文献渊海。自唐宋以来，广西刻石之风气经久不衰，至今留存了极为丰富的石刻文献，广西也因此成为中国石刻较为集中、特点鲜明的地区，素有“唐碑看西安，宋刻看桂林”的说法。广西石刻文献内容价值主要有珍稀性、系统性与普适性三个特点，石刻类型至少包括摩崖、碑碣、墓志、塔铭、买地券、画像题字、造像记、器物附刻等，石刻文体至少包括碑、墓志、颂、赞、铭、纪游、诗、词、文、赋等。晚清金石学家叶昌炽曾赞叹“唐宋士大夫度岭南来，题名赋诗，摩崖殆遍”，其中最有代表性的石刻，如桂林龙隐岩的《元祐党籍碑》、柳州柳侯祠内的《荔子碑》，以及桂林王城独秀峰读书岩上的王正功《鹿鸣宴劝驾诗》等。

近些年来，广西壮族自治区党委宣传部启动广西优秀传统文化出版工程。委托广西师范大学出版社策划并组织专家撰写这套《石刻里的广西》丛书，是目前国内为数不多的广西石刻丛书。本套丛书选题特色鲜明，通过挖掘广西丰富的石刻文献资源，讲好石刻里的广西历史故事，积极推动广西地区中华优秀传统文化的创造性转化、创新性发展。

本套《石刻里的广西》丛书共有十卷，包括《石刻通论卷》《历史名人卷》《山水人文卷》《民族融合卷》《文化教育卷》《水陆交通卷》《经济商贸卷》《科学技术卷》《摩崖造像卷》《书法艺术卷》。每一卷选取一些具有代表性的广西石刻，采取雅俗共赏、图文并茂的方式，用通俗的语言介绍石刻基本情况、解读石刻内容，讲述石刻背后的历史人物故事，揭示石刻背后的政治经济关系、山水景观塑造与文化交流网络等。

同时，我们也希望通过这套《石刻里的广西》丛书，引导更多人关注与保护广西石刻，让广西这些珍贵的文化遗产得以永续传承，并实现转化利用。

是为序。

江田祥

前　言

◆

漫长的中国历史，给后人留下了浩瀚的史料。这些史料记载范围广阔且种类形式多样，而碑刻就是其中最为重要的文献形式之一。在文字传统建立以后，不同时期的人们均习惯于以勒石的方式记述具有意义的人与事。但与其他种类史料不同的是，碑刻具有两个重要的特点：首先，其具有公开展示的属性，存立于特定的空间。一般而言，碑刻立于各类公共场域，如庙宇、祠堂、会馆、渡口等地点。立碑者希望通过向民众呈现的方式凸显权力秩序的权威，并以此塑造民众的历史观念与历史记忆。这一权威可以是直接的，也可以是间接的。直接宣示权威的，如官府刻立的各类禁革碑、判决碑等；间接宣示权威的，则如庙宇、祠堂中以神明或祖先之名强调公共生活秩序等。其次，碑刻有较为明确的边界范围与空间属性，其投射的是立碑者的权力范围。碑刻文献的这两大特点，使其在研究利用上与其他种类文献有着明显的差异，成为了现代史学研究中不可或缺的史料种类。

近三十年来，随着区域史研究视角的兴起，学界对王朝国家时期民间社会的构建与演变过程日益重视。对于区域史研究者而言，历史并非单数，而是复数的。民间社会中的不同群体均有其自身的历史故事、历史进程及历史观念。这些就是学界所谓的“小历史”。在历史的进程中，民众的“小历史”与国家的“大历史”相互交织，相互影响，却又非完全同步。民众并非简单、被动地接受国家的礼仪与制度，后者更多是前者组织与构建社会生活的重要资源。在重大历史事件与社会变革的过程中，民众不断利用国家的礼仪与制度与其他群体展开博弈，并在此过程中调整或重构社会秩序，以最终达到满足其政治、经济及文化情感需求的目的。因此，以民众为中心展开观察，我们可以看到更为多姿多彩的历史进程，从而对不同时期的重大历史事件及制度有新的理解。

在这一学术思路下，民间社会的碑刻文献无疑有着特殊的学术价值。与官修文献不同的是，民间碑刻文献直接呈现了民众的声音及其生活方式。在国家政治与区域格局变动的过程中，民众通过勒石的形式不断确认新的社会结构与权力秩序。民间碑刻文献，不仅呈现了某一时期某一群体所需解决的具体问题，其更蕴含着老百姓应对生活的勇气与智慧。

本卷为“石刻里的广西”丛书“经济商贸卷”。笔者在本卷中共收录了45通碑刻，主要分为“区域贸易”“贸易纠纷”“商人生活”“同乡结会”“祠堂控产”“市镇生活”“土地交易与经营”“时局与经济”八方面的内容。碑刻的内容范围主要涵盖明清时期广西社会经济生活的不同方面，包括土地田产、商业贸易、商人家庭等，涉及了官员、乡绅、商人、疍民等不同的群体。笔者希望通过对这些碑刻的选取与解读，从另一方面向读者呈现出明清时期广西经济商贸方面的若干重大问题。

民众在经济生活中使用碑刻的前提，是科举制度与文字传统建立与实践。在传统社会中，碑刻不仅是记载史实的重要载体，更是社会运作机制不可或缺的组成部分。明清以前，广西大部分地区的乡村社会尚未真正建立文字传统。历史的记忆更依赖于口述的传统。除桂林等少数地区外，大部分地区的乡村社会直到明末才开始使用文字。

文字传统在广西大部分地区的建立，最重要的原因在于赋役里甲制度的推广。众所周知，广西为多民族聚居地。在王朝国家时期，各类官方文献对民众的描述多使用“族类繁杂”“不供赋役”等词语。明中叶以后，当地民众开始承担赋役，成为向王朝政府当差纳粮的王民。因此，民间经济生活中最早使用文字的目的就是登记与控制田产、缴纳赋税。在此背景下，广西各地的民众开始勒石立碑，宣示对土地的所有权。

明清鼎革之后，因社会秩序的剧烈变革，广西各地出现了大量的田产纠纷案。这些纠纷多发生在瑶壮与民户之间。明中后期，许多瑶壮因“畏见官府”，将田产寄于民户或军户的名下，由后者代为缴纳赋税、承担差役。入清以后，在清王朝重新登记田产时，瑶壮希望独立出户并承担赋役，由此与民户之间发生了激烈的田产纠纷案。民户强调其对名下的土地拥有产权，瑶壮与其只是租佃的关系。至雍乾年间，民户为了确立对田产的控制权，开始创建宗族、参加科举考试，田产的纠纷最终演变成文化竞争。田产纠纷案结束后，广西各地出现了大量的田产碑刻。不同的群体均以立碑的形式宣示对田产的所有权。这是明清时期广西经济生活中的重要内容之一。因此，广西各地田产碑的刻立最为集中的年份为乾隆以后。

与此同时，在田产争夺的过程中，各地的乡村社会开始建立宗族及乡村联盟，以追溯祖先、神明的方式构建新的社会秩序。但以宗祠或以神庙为基础的乡村联盟，其运作的基础为蒸尝或庙产。因此，宗祠或神庙需要通过立碑以明确田产的管理机制、开支明细。此为田产碑的另一方面内容。

如果我们检视广西民间社会的各类碑刻，清代田产碑的数量无疑是最丰富的。不管是个人的交易、捐地，还是祠堂、庙宇的蒸尝与庙产，基本刻立于清代。因此，不为过地说，立碑刻石就是土地产权确认的重要方式。

明清时期，碑刻文献在广西经济生活中大量使用的第二个原因为商业的繁荣与客商的大量进入。在客商进入甚至定居广西的过程中，地方社会原有的经济秩序必然会在不同层面上受到影响与冲击。客商与当地人之间、客商与地方官府之间需要不断调试与融合。其结果，同样也会以碑刻的形式出现在圩市的会馆、庙宇以及码头等公共场域。同时，客商的群体内部关系又不断调整与确认，这一关系的变动也会反映在商业碑刻之中。此为商业碑刻的另一内容。

本卷所收录的碑刻，如果以刻立的场域为标准，可以分为以下几类：

1.宗祠碑。

此类碑刻主要刻立于宗族祠堂之内，内容主要包括宗祠的创建、蒸尝的管理等内容。如前文所述，入清以后，广西许多地方出现了创建宗族的浪潮。许多宗族将其祖先的故事、宗族的管理条例及蒸尝、书房田的情况撰刻于碑石之上并立于宗祠之内。

祖先源流的故事一般刻存于宗祠的创建碑中。因此，要理解宗祠创建碑，首先就要理解祖先故事的意义。祖先故事的重点在于强调宗族的显赫身份，通过追溯其祖先源流构建名门望族的身份。研读者在分析地方宗族祖先的故事时，不应重点考证其真实性，而应关心其背后的社会背景与经济动机。换言之，叙述者自身所面临的社会与经济问题才是问题的关键。

如果对广西各地的祖先故事有所了解，我们不难发现不同地区均会存在结构相似且单一的祖先故事。如西江流域的民众多认为其祖先在明末从珠江三角洲迁移而至；左江地区的民众强调其祖先在宋代随狄青平定侬智高后定居于此；贺江地区的民众追述其祖先从江西迁来；桂东北地区的许多民众则认为其祖先来自湖南。这些祖先故事的形成实际上就是前文所述的登记入籍、控制田产的结果。

因此，祖先故事的创建又引出了祠堂碑的另一内容——田产管理。宗族创建的背后，多会涉及蒸尝的管理。族产是宗族赖以运作的经济基础，其收入主要用以支付祭祖仪式、族人参加科举等开支。研读者在研读这一内容时，须留意族产的数量、地点，以便了解该宗族在当地的地位。同时，有的宗族还会将族产的情况刻于祖先的墓碑上。此外，我们还要注意族产的来源。有的族产来源于不同的支房捐入，有的为族内乡绅所捐。因此，族产变动的本质，是族内权力关系的变更。

祠堂碑的第三方面内容为宗族的管理制度。首先，碑记中会列明鼓励族人参加科举制度以获取功名。这一规定为确保宗族地位的重要保障。其次，碑记也会注明禁止的各类行为，包括赌博、行凶及乱宗等行为。宗族对犯禁的行为会加以处罚，严重者会逐出宗族。

研读者在研读宗祠碑时，还要注意宗族内部结构及族内有名望的乡绅。在许多宗祠内部，均会涉及族内不同支房。这些支房之间的关系多较为微妙，某一房往往会对宗族事务有较大的主导权。研读者只有在充分了解到宗族内部结构的基础上，才能读懂祠堂碑刻中的各种复杂信息。

2.庙宇碑。

此类碑刻主要刻立于庙宇之内，其内容主要包括庙宇的创建与重修、祀产的捐入与管理。众所周知，庙宇是乡村社会生活中的重要内容，也是地方社会权力精英整合社区的文化资源。因此，关于庙宇碑刻的研读，首先要注意庙宇创建人的身份与目的。一般而言，庙宇碑记中的创建人物均为地方精英，其往往会出现在地方志及家谱之中。庙宇碑记中的关键人物往往是研究乡村历史的重要线索，将其与地方志及族谱结合加以考察，可以对当地历史有更深刻的理解。

此外，庙宇碑中的捐助名列均会有清晰的地理空间范围。研读者需要将这些地名作细致的考察，勾勒出捐助范围。本卷选取的庙宇碑刻中，有相当部分体现了当地乡村社会的基层市场范围。

再次，城内的庙宇碑。本卷大部分的庙宇碑集中在乡村地区，但有少量为城内的庙宇碑。城内庙宇碑的研读方式与乡村地区不尽相同。城市因为人口的流动性强，社会结构与乡村社会极不相同。城内庙宇碑的捐助者多为商铺。不同的庙宇背后往往为某一地缘组织或者行业组织。因此，在城内庙宇碑之中，我们可以看到城内商会、行会的基本情况。在此基础上，研读者应留意该庙的地理位置是否处于经济繁华地带，由此判断该庙背后的团体的经济实力。

需要指出的是，在对庙宇碑的解读中，为了更好地帮助研读者理解其中的经济内容，笔者对庙宇信仰及相关仪式均作了背景性的介绍，以便研读者能够从整体上把握碑文内容。

3. 会馆碑。

明清时期，大量的广东、湖南、江西商人到广西从事贩运活动。这些客商在广西创建了大量的会馆，以保证贩运活动的顺利。这些会馆中有不少至今仍保存较为完好。此类碑刻主要刻立于会馆之内，其内容主要包括买地契约、会馆的创建与重修、堂会管理等。

我们首先要了解会馆中的买地契约碑。客商到广西营商，最亟需处理的关键问题是置地开铺、创建会馆。一般来说，刻立买地契约碑的会馆规模较小，客商在与当地势力的博弈中并不占据绝对的优势，因此客商往往会将买地的契约刻立于会馆之内。契约碑的主要内容包括卖方出售原因、土地的具体情况等。而最为重要的是，因客商在广西并无户籍，碑刻中均需要注明该地的赋役缴纳情况。

其次，会馆创建及重修碑。此类碑刻的内容，主要包括会馆创建或重修的过程，捐助名列等基本情况，是研读者了解区域贸易网络、市场机制、商人群体结构等情况的重要文献。在明清时期的广西市场史研究中，因商人账本、文集等史料的阙失，会馆创建、重修碑刻显得极为珍贵。甚至可以说，此类碑刻是这一领域研究不可代替的文献。关于创建、重修碑刻，还需留意碑文撰写人的基本情况。在规模宏大的会馆中，重修碑文多由具有较高声望的官员或学者撰写。因此，这一情况是我们了解政商关系的重要线索。在会馆碑的研读过程中，如果忽略了政商关系，研读者很难真正了解区域市场运作的基本情况。

会馆碑的第三方面内容为堂会碑。一般而言，会馆内部的构成极为复杂。在会馆内部会存在着各类堂会。因此，堂会碑是我们了解会馆微观层面的重要文献。堂会碑的主要内容包括堂会的主要构成情况（多由行业或地缘团体组成）、管理条例等。

4. 码头渡口碑。

此类碑刻主要刻立于码头渡口边，主要的内容包括码头的田产归属与管理等问题。码头是基层乡村社会最重要的公共经济资源之一，也是社会矛盾集中的地方。不同的群体往往会围绕着码头渡口的控制权展开激烈的争夺，甚至会引发官司。码头渡口碑刻立的时间点，一般在所有权变更之后。新的所有者，以立碑的方式宣示其对渡口的管理权及使用权。因此，研读者在研读码头渡口碑时，首先需要逆推其产权变化的因果关系。

此外，一般而言，每一码头渡口均会有相应的田产，以供渡夫伙食、修造船只。同时，这些田产又登记于某一庙宇的名下，由庙会管理。因此，研读者在研读碑刻时，要对田产的捐入者尤为留意。这些田产的捐入者，实际上就是码头的管理者，或者是对码头运作有影响力的人物。

5. 禁革碑。

除了上述碑刻以外，在广西地方社会中还存立有大量的禁革碑。这些禁革碑的内容繁多，主要有：地方官府禁革陋习、上级官府禁止下级官员刁难百姓、地方官府处理地方纠纷后的公示。

此类碑刻均在不同程度上反映了地方经济的问题。研读者在研读此类碑刻时，首先要注意到案件牵涉的官员。如两广总督批示的禁革碑，则意味着该案所涉的问题已影响到了两广区域。而知府、知县批示的禁革，则意味着该案的问题已影响到地方社会的稳定并损害了特定群体的利益。沿着这些禁革碑的线索，结合地方志及官员文集等文献，研读者可以了解到地方社会中最为尖锐的经济矛盾与纠纷。同时，研读者在研读禁革碑时，需仔细查阅相关官员的情况，包括该官员的态度与立场，由此才能更深刻理解禁革碑的社会涵义。

最后需要向读者简要交待本卷碑刻选取的原则：

（1）连续性与关联性。

如果为了顾及地域的全面性而零散地在各地选取碑刻，恐怕要以牺牲其内在逻辑为代价，这并非笔者的初衷。笔者希望通过选取一些在时间与空间上有较强关联性的碑刻，向读者勾勒若干个较为完整的故事。如所选取的贺州龙氏宗族碑刻，即清晰呈现了桂东族产的发展脉络。笔者以为，对系列碑文作关联性的解读，可以使读者对明清时期广西的经济贸易问题有深刻的理解。

（2）整体性。

本卷虽为“经济商贸卷”，但并不意味着内容仅局限于土地纠纷、商业贸易等纯粹的经济内容。在传统社会，经济与文化并非如现代社会般“脱嵌”，两者之间关系极为紧密。因此，笔者希望整体地呈现经济生活中不同方面的内容，包括商人遗孀的捐助，客死他乡的商人骨殖回乡等问题。笔者希望通过这一呈现方式，使读者更能触摸到“历史的现场”。

(3) 重大性。

明清时期，广西发生了许多对中国历史进程影响深远的事件，如“大藤峡瑶乱”、太平天国运动等。这些事件的发生，不仅仅改变了地方与国家的政局，同时也对广西的经济生活产生了深远影响。笔者希望读者可以通过对相关碑刻的阅读，对经济背后的区域问题有更宏观的理解，详细了解明清鼎革时期的广西地方社会。

因水平有限，书中仍存在错漏之处，请方家与读者批评指正！

目　录

祠堂控产

市镇生活

区域贸易

天后佑粤商

——乾隆三十五年《重修粤东会馆天后宫并鼎建戏台碑记》解读

府江是西江流域最重要的支流，也是粤商最早到广西从事贸易活动的流域。位于平乐县县城的粤东会馆，是府江流域规模最大的粤东会馆。明清时期，粤东商人以平乐粤东会馆为据点，向桂东及桂北地区转运食盐。同时，他们也将这些地区的米、木材贩运至珠江三角洲地区出售。《重修粤东会馆天后宫并鼎建戏台碑记》反映的就是在清乾隆中叶区域贸易发展的背景下，粤东商人重修粤东会馆的情况。

《重修粤东会馆天后宫并鼎建戏台碑记》刻立于乾隆三十五年（1770），现存于桂林市平乐县县城粤东会馆内。平乐粤东会馆创建于明万历年间，为广西境内记载最早的粤东会馆。粤东商人在明万历年间进入平乐与隆万年间朝廷大征府江有着密切关系。当其时，朝廷为了打通府江盐道，大征府江，以防瑶人出没骚扰来往官商船只。同时，为了防止瑶人藏匿于两岸丛林，明政府招募粤商沿岸伐木。在大征之后，官府又让粤商搬运官盐以解决财政问题，是为粤商在府江流域从事贸易之始。在此背景下，粤东商人在平乐县城创办了粤东会馆。明清鼎革及三藩之乱时，粤东会馆毁于兵燹。粤东商人亦多返回原籍。康熙末年之后，粤东商人开始陆续返回平乐营生。但时过境迁，新来的粤商已无法确认会馆旧址。笔者估计，造成这一情况的原因，为会馆的土地已为他人所占。

雍正初年，随着贸易规模不断扩大，陈卉芳、冯燕璋二公率领一众粤商在平乐城外重新购置土地，修建粤东会馆。平乐粤东会馆祭祀的主神为天后。天后信仰主要分布于中国东南沿海地区，并非广西当地神明。因此，广西境内的天后信仰主要是明清时期随着粤东商人西进而建立。《重修粤东会馆天后宫并鼎建戏台碑记》中就记录了在平乐的粤东商人修建天后宫的情况。

碑文写道：

平郡会馆之设，创始前明万历间，后经吴逆兵燹，遂失其基址，欲寻故处而遗老尽矣。幸自我朝削平妖氛，气运日隆，重熙累洽，安民阜物，惠国通商，懋迁来平而蒙业者，我东土亲友过半焉。雍正初年，有乡先辈陈公讳卉芳、冯公讳燕璋重为领袖，倡率同人辟地基于城外，创庙貌于江干。后枕凰山，前凭乐水，右拳印岭，左抱业峰，握一方之胜，概俾神祀，废而复兴，乡情散而重聚，诚美举也。

平乐粤东会馆此次重修的重要原因为乾隆年间华南地区长距

离贸易的发展。乾隆中叶，广州一口通商以后，海外贸易的规模迅速扩大。与此同时，对外贸易的兴盛又带动了西江内陆长距离贸易的发展。正是西江贸易的发展，促使了平乐粤东会馆的重修。在乾隆三十五年的修建活动中，平乐粤东商人不仅重修了粤东会馆及天后庙，还加建了戏台，以作年度酬神的神功戏之用。加建戏台的情况，亦从侧面证明了这一时期区域经济的发展。

在碑文中，我们还需要留意许多捐助者没有注明原籍地。一般而言，捐修粤东会馆的商人多会注明其原籍地，如南海、顺德、番禺等地。该碑特别之处在于其并没有列出商人的原籍地。同时，主修的商人及撰文者特别强调其“里人”的身份。“里人”身份的凸显，意味着这些绅商在平乐拥有户籍。这一情况实际上是粤东商人在地化的结果。康熙中期以后，不少在桂营商的粤东商人在广西入籍并娶妻生子、建立家庭。因此，此次重修实际上是粤东商人在入籍当地后，以本地人的身份重修粤东会馆。

此外，在平乐粤东会馆重修的捐助名列中，地方官府的参与度非常高，绅商与官府的关系极为密切。平乐府户房及平乐县的兵房、户房、工房均有捐助。更值得注意的是，平乐府户房是平乐会馆的会首之一。这一情况说明了平乐府的官员深度参与了粤东会馆的日常运作。笔者认为，造成这一情况的根本原因在于备东谷制度的建立。入清以后，珠江三角洲地区缺米的情况极为严重，广州各府县的常平仓经常出现缺额的情况。在此背景下，广东官员经常委托粤东商人到桂东地区府县的常平仓“借米”。乾隆二十四年（1759），署广西巡抚鄂宝上奏朝廷，反对广东方面随意搬运仓谷，并提议在桂东的平乐、梧州、桂林、浔州四府建立备东谷制度，将搬运的谷米定额化与制度化。因此，平乐知府在常平仓之外建立了备东仓，供粤东商人搬运。同时，搬运的业务由粤东会馆管理，故平乐官府需深度参与粤东会馆的运作，以管理备东谷的搬运，确保官府对本地米粮市场的控制。

总而言之，乾隆三十五年《重修粤东会馆天后宫并鼎建戏台碑记》不仅反映了这一时期平乐粤东商人的规模，亦折射了官府与粤东商人之间的博弈关系。

乾隆三十五年《重修粤东会馆天后宫并鼎建戏台碑记》（局部）

西米东运
——乾隆五十三年《重建粤东会馆碑记》解读

梧州戎圩（今称龙圩），是清代西江流域最大的米粮市场。戎圩在宋时为屯兵之地，故戎圩初称戎城。入清以后，大量的谷米通过戎圩转运到珠江三角洲的广州、佛山地区。因此，在梧州地区一直流传着“交易戎圩占上游，各江土地尽流通”的说法。《重建粤东会馆碑记》现存于龙圩区龙圩镇粤东会馆内，嵌于西廊墙上，碑高166厘米，宽83厘米。广西梧州市龙圩区忠义街的粤东会馆面向浔江，建于清康熙五十三年（1714），至今已有三百多年历史。

西江作为华南地区最重要的河流，自古以来，航运总量在国内一直居于前列，被誉为“黄金水道”。《重建粤东会馆碑记》记录了乾隆五十三年（1788）戎圩粤东会馆重建的情况，是我们理解清代中叶西江流域米粮贸易的重要碑刻文献。全碑分为《重建戎城会馆碑记》与《题名碑记》两部分。戎圩粤东会馆此次重建，皆因这一时期西江流域连续遭受水涝灾害，米价腾贵。所以，在广西从事米粮贸易的广东商人，遇到了前所未有的外运阻力。在此背景下，广东商人需要通过重修粤东会馆以加强内部团结、巩固商业秩序。

乾隆五十三年，温汝适到桂林城担任广西乡试副主考。在桂的粤东商人专门赴桂林，请温氏为粤东会馆撰写碑文。温汝适为广东顺德人，乾嘉年间的名宦。其在乾隆末年曾任翰林院编修。粤商希望借助温汝适的名望扫除贸易过程中的障碍，而温氏在碑文中也毫不忌讳地说道，自己有很多亲戚、同族及乡友在戎圩从事商业贸易活动。

温汝适在文中写道：

> 既竣，谋镌诸石，遗书京师，属予为记。予方奉简命粤西典试，而皇华听指，不履苍梧。揭晓之后，乡友谒予于桂林，重以为请。予念戎为稻麦渊薮，两粤关焉，兹所营建，犹为敦本。又亲戚宗族往来戎者甚众，未敢视同秦越也，奚不避不敏，书之俾勒于珠江之后。

《重建粤东会馆碑记》中最有价值的部分为刻录捐助名列的《题名碑记》。在捐助神殿物资的名列中，一共出现了四个埠头组织：黄连埠、九江埠、甘竹埠以及安澜埠。其中，黄连埠、甘竹埠属顺德县，九江埠属南海县，安澜埠属桂平县（现贵港市附近）。一般而言，能捐助神殿物资的，是能影响会馆事务的行会或地缘团体。这四个埠头中，一个位于戎圩的上游，三个位于下游。因此，这四个埠与戎圩，实际上组成了西江流域米粮商业网络。

另外，碑文清楚显示了戎圩与梧州城贸易地位的差异。《题名碑记》单独列出了梧州商号的捐款。碑中共有176家梧州商号捐款，合计502元。而在戎圩本地的坐商捐款名列中，共有458家商铺捐款，捐款的总额为4131元，中元33元，白银30.12两。两者贸易规模的差异显而易见，戎圩在区域市场体系中的地位无疑要高于梧州城。直到太平天国运动以后，梧州城才逐步取代戎圩的商业地位。

在《重建粤东会馆题名碑记》的最后一部分，是不同筏大值簿的捐款。在西江沿岸，因滩浅沙多，船只很难直接停靠在码头，故在岸边要设置船筏（又称趸船）以供来往船只停靠。这些筏同时也可以作为临时仓库，供来往水客存放货物。因此，一个筏就可被视为一个码头，每个码头停泊的船都固定来自某个地方。不同码头由不同的行会或者商贾控制。在《题名碑记》中，一共有13个船筏，分别是：其源筏、广益号、其合筏、人和筏、广源筏、富源筏、义和号、美成号、施德盛筏、温义隆、天利筏、诚信筏、源盛筏。因此，乾隆末年戎圩共有13个码头。这13个码头的大值簿捐款，就是乾隆末年整个西江商业网络中与戎圩有贸易来往的商号。

如果对这些大值薄的捐款进行量化分析，我们就可以精确把握乾隆末年西江流域的商业贸易情况。其源筏大值簿共有87个商号捐款，共计420元，商船主要来自南宁地区；广益号大值簿共有47个商号捐款，共计白银225.88两，银元59元，商船主要来自来宾、象州地区；其合筏大值簿共有51个商号捐款，共计银元317元、白银11两，商船主要来自迁江地区；人和筏共有55个商号捐款，共计323元，商船主要来自横州地区；广源筏共有71个商号捐款，合计315.4元，商船主要来自贵县及大乌；富源筏共有25个商号捐款，合计177元，商船来源比较复杂，有安澜、运江、藤县等地；义和号大值簿共22个商号捐款，合计155元，商船主要来自柳州、梧州；美成号大值簿共有51个商号捐款，合计银元166元、白银1两，商船主要来自柳州、象州；施德盛筏大值簿共有35个商号捐款，合计130元，商船主要来自柳州地区；温义隆大值簿共有37个商号捐款，合计银元112元、白银10两，商船主要来自南海太平以及顺德地区；天利筏大值簿共有19个商号捐款，合计112元，商船来源地为安澜、番禺；诚信筏大值簿共有42个商号捐款，共计银元113元，白银1两，商船主要来自员山、员冈；源盛筏大值簿共有21个商号捐款，合计银元83元、白银10两，商船主要来自安澜、北流。上述13个筏，合计共有563个商号捐款。统计上述数据，乾隆末年在西江流域中与戎圩发生直接经济关系的商号约为563个。

因此，乾隆五十三年《重建粤东会馆碑记》不仅能清楚反映乾隆末年粤东会馆的基本情况，更可以让我们通过数字的量化分析，理解西江流域的贸易路线。

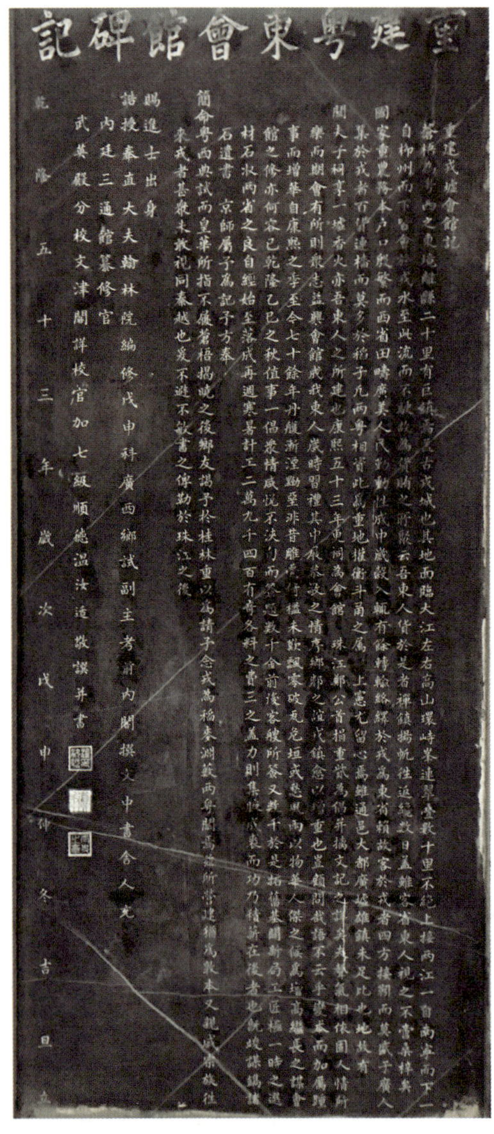

乾隆五十三年《重建粤东会馆碑记》

开圩设馆

——乾隆五十六年《创建粤东会馆序》解读

清乾隆中后期，随着西江流域的长距离贸易迅速发展，许多广东商人在浔江地区开设圩市并创建会馆。《创建粤东会馆序》记载了乾隆五十六年（1791）广东商人在桂平江口圩创建粤东会馆的过程。碑文收录于《太平天国在广西调查资料全编》，原碑已在“文革”时拆除江口粤东会馆的过程中损毁。

江口圩又名永和圩，位于现桂平市大黄江与浔江汇合处。江口圩原址在浔江对岸，为瑶人圩市。入清以后，到浔州地区营商的广东商人逐渐增多。这些商人遂在现今桂平市江口镇开设圩市。对江的瑶墟由是逐渐衰落，江口圩成为了桂平地区最大的圩市。民间一直流传着“一戎二乌三江口”的说法，“江口”即指桂平江口圩。

广东商人开设江口圩的主要原因为清中叶以后西江米粮贸易的发展。清中叶，珠江三角洲地区米粮短缺且价格高昂。浔州府和广州府的米价存在较大的差异，前者约为1.232两/石，而后者为1.614两/石。因此，从江口圩贩运谷米至广州出售是一项利润极为可观的商业活动。笔者在《状告衙差——乾隆五十五年〈奉爵阁部堂福大人饬禁妄扳碑记〉解读》中，分析了在桂平营商的广东商人在桂平地区受到衙差欺凌的情况。该案判决之后，广东商人联合起来，在江口圩创建粤东会馆以对抗地方官府。

该碑的撰写者为冯成修。冯成修（1702—1796），字达夫，号潜斋，广东南海县人，为乾隆年间的名宦。乾隆四年（1739），冯成修中进士。乾隆十五年（1750）充福建副考官，乾隆十八年（1753）典试四川，二十四年（1759）督学贵州。冯成修学术造诣颇高，曾掌教广州粤秀、越华书院，世称"潜斋先生"。因此，在桂平营商的广东商人拜请冯成修撰写会馆创建碑文，希望借助其声望以对抗地方官府，确保贸易的通畅。

冯成修在碑文中写道：

桂平邑在粤西浔州，古百粤地，远接桂林，近连藤峡，诚一方之要区，西粤之门户也。是以四方商贾，挟策贸迁者接迹而来，舟车辐辏，货贿积聚，熙来攘往，指不胜屈。而以我东粤之商旅于桂平永和、大宣两圩者为尤盛。我乡人之客兹土，见其杂处纷纭，散而无纪，诚欲有以萃其群而联其好也。今建两圩会馆于永和，以为宴集同人、筹公事之所，复于大宣创立会栈。两圩一水相连，乡人便之。是以自堂构落成之后，又欲将其巅末，勒之于石，以志不朽。故邮寄嘱予以序之。夫会馆之设，岂特为联声气而聚侪类已哉？！

碑文开宗明义，指出江口圩为“西粤门户”。如果仅从地理上看，江口圩位于广西中部，读者很难理解其为何是广西门户。事实上，碑文所说的西粤门户，指江口为直接连接广州、佛山地区的中转市场。在该圩交易的谷米及其他商品，并不会再转运至广西境内的其他圩市。江口圩覆盖的范围，一是本地的浔州平原，二是柳江、邕江的上游地区。“吾乡之来游西粤者，不但在桂平也；即左右两江，所至辄有乡人”一句，正是清楚说明了江口圩的市场范围。江口圩市场的转运范围如果以水路计算，上游6天以上水路的地区则需经江口转运，4—5天水路的地区则直接到戎圩转运。

在江口圩粤东会馆创建的捐助名列中，本地坐商的捐助有17笔，共1369两白银，水客的捐助同为17笔，但仅有177.9两。两者之间的捐助额有着巨大差异。更值得注意的是，在177.9两水客捐助中，有144两为南海民船九江万福捐助。南海民船九江万福不仅是捐款最多的行商，也是名列中金额最大的单笔捐助。这一情况说明，南海九江船户万福为江口圩至广州府贸易路线的实际控制者。因江口圩开圩的时间较迟，其贸易呈现了高度的垄断性。在西江流域的其他圩市中，广东商人既有南海人，亦包括了顺德、番禺人。但江口圩则基本为南海人所垄断。与此同时，其他圩市（如大安、戎圩）的商人较少到江口投资营商。

最后，我们需要注意的是该碑中出现了两个时间，碑文撰写于乾隆五十六年（1791）冬，而碑石立于乾隆五十八年（1793）夏季吉旦。这一情况说明江口粤东会馆从筹办到落成的时间约为一年半至两年。乾隆五十八年夏季为粤东会馆落成的时间，这一时间点与夏季水稻的收获时间有着密切关系，证明粤商选择在夏季水稻收成时举行会馆落成仪式。

《创建粤东会馆序》充分反映了浔江中游桂平地区圩市的基本情况。南海商人在赢得了一系列官司之后，于江口圩创设了会馆，进一步垄断了当地与广州府之间的谷米贸易。

滇铜兴市
——道光二十年《重新鼎建百色粤东会馆碑记》解读

铜，在王朝国家时期是极为重要的战略物资，其不仅是制钱的原材料，也是重要的军需物资。因此，铜斤的供给影响着王朝国家的稳定。决定铜价的主要因素有二：一是市场的供应量，二是与白银之间的比价。

入清以后，中国的铜价不断攀升。造成这一状况的主要原因为铜斤供应的减少及白银的大量流入。康熙年间，日本限制了铜对中国的出口，与此同时，随着全球贸易的发展，大量白银流入中国东南沿海。两方面的因素导致了中国铜斤短缺的局面。在这样的背景下，王朝政府希望通过云南铜矿的开采缓解这一局面。滇铜开采后，主要有两条对外的运输路线：一是向北经贵州运到北京，二是向东经过广西运至广州。百色正是滇铜东运的必经之地。

百色城地处右江的水陆路要冲之地，地理位置极为重要。《(光绪)百色厅志》写道："百色地当极边，万山重叠。惟厅治滨江，源出云南土富州，下达南宁，汇于郁水。"在明代以前，百色为田州岑氏土司的势力范围。但在清以前的各种文献中，未见有关于百色的记载。这一情况也说明了百色在清以前并未兴起。入清以后，随着广东沿海地区的铜价上升，大量的粤商开始取道右江进入云南，以百色为中转站贩运滇铜。这一情况正是百色市兴起的重要背景。

雍正八年（1730），清政府在百色设厅建城。此后，广东政府不断鼓励粤商取道百色转运滇铜。嘉庆末年，两广总督阮元推行了广东与云南之间的“盐铜互换”政策，以此缓解广东地区铜斤紧缺的局面。因此，百色粤东会馆所经营的最大宗物资为铜与盐。“盐铜互换”的关键在于粤商西进，故百色粤东会馆就是这一政策施行的关键场所。

关于百色粤东会馆创建的历程，碑文有如下记述：

斯百色粤东会馆所由重建也。先是康熙间，里人梁煋等倡议醵金，鸠工蒇事。其时关市初通，贸迁未广，而舆情雀跃，旋踵倏成，今且百二十载矣。山非凿而皆通，水无沿而不到。馆同晋绛，至即如归；客似郑商，业皆传世。于以重新旧址，式焕鸿规，亦固其所以然。维重建之难，无殊创建；前人之绩，有待后人。

《重新鼎建百色粤东会馆碑记》刻立于道光二十年（1840），该碑现存于百色粤东会馆内。立碑当年，也是鸦片战争爆发的年份。因此，这一通碑刻充分说明了鸦片战争前后广东地区铜斤供应不足的情况。《重新鼎建百色粤东会馆碑记》包括碑文、助公金名列、抽厘名列、收支明细等四部分内容。

该碑碑文由罗文俊撰写，骆秉章抄书。两人均为道光年间广东籍的名宦。罗文俊（1789—1850）字泰瞻，号萝村，南庄镇人，道光二年（1822）进士。罗文俊在道光十三年（1833）升左春坊左庶子，长期任职于国史馆，多次充任各馆纂修、协修官，任过顺天乡试同考官、山东乡试正考官、顺天乡试副考官、山西学政、陕甘学政、山东学政和浙江学政。骆秉章（1793—1867），字吁门，号儒斋，广东广州府花县华岭村人。道光十二年（1832）进士，充翰林院庶吉士，授编修，掌撰记。后历任侍讲学士、御史、湖北按察使、湖南巡抚、四川总督、协办大学士等职。他和曾国藩、左宗棠、李鸿章、张之洞等人并称为“晚清八大名臣”。

在百色城的粤商邀请罗文俊与骆秉章二人撰、书碑文，固然有同籍因素的考量，但更重要的目的是希望借助二人的影响力处理滇铜贸易过程中各种复杂的官商关系。能邀请到二人撰书碑文，亦充分体现了百色城粤商的雄厚实力。从碑文可知，此次签得的助工金近一万三千两白银，百色粤东会馆是广西境内规模最大的粤东会馆之一。

此次重修粤东会馆的工金主要有两大来源：一是助工金，二是抽厘。助工金由百色城内的商户自愿捐助。因捐助金额不足，故又采用了抽厘的方式。抽厘就是按照商户经营的货值，以一定比例进行抽税。这一方式也为许多粤东会馆募集修缮经费时所采用。

《重新鼎建百色粤东会馆碑记》的内容共分为四个部分：碑

道光二十年《重新鼎建百色粤东会馆碑记》（局部）

文、助工金名列、抽厘名列、收支明细。在“助工金名列”部分中，共签得助工金一万两千九百四十三两。捐助者既有在百色营商的商户，也包括不同商户组成的堂会。“抽厘名列”主要为对各商户按照货值抽厘所得的明细。

此外，在捐助名列中，出现了大量堂会的名称，如夏溪堂、济美堂、蟾溪堡等。这些名称多为南海、顺德二县的地名，如捐助最多的夏溪堂属南海县，济美堂则为顺德北滘商人所建，在北滘林头村现仍保存有济美社学的遗址，蟾溪堡指南海盐埠，远安、永安则指南海的远安围、永安围，其位于桑园围之北。粤东会馆实际上由多个地缘性的商业组织构成。

综上所述，《重新鼎建百色粤东会馆碑记》是记载清道光年间桂西地区黄铜贸易的重要碑刻文献。

重整盐务
——同治十二年《重建会馆并戏台碑记》解读

《重建会馆并戏台碑记》刻立于同治十二年（1873），现存于桂林市平乐县粤东会馆内。碑文的撰写者为清末名宦许其光。许其光字懋昭、耀斗，号叔文、涑文，广东番禺人。他祖籍浙江仁和，先祖到广州做幕僚，遂定居番禺，为番禺捕属人。许其光才华横溢，成名于广州学海堂，道光二十六年（1846）中举人，清道光三十年（1850）考中庚戌科榜眼，殿试赐一甲第二名进士及第，授翰林院编修。许其光曾任湖北乡试副考官、御史、广西桂林知府等职，以性格耿直、遇事敢言著称。许其光与广州城的官员及商人交往甚密，故在平乐的粤商请其撰写碑文。

太平天国运动期间，府江中游社会发生了巨大动荡，当地的经济遭到了严重的破坏。许多富商大贾因战乱或其他原因离开了平乐。动荡结束之后，平乐粤东会馆内部的权力格局发生了巨大变化。新的商业势力开始重组府江中游地区的商业秩序。《重建会馆并戏台碑记》反映的就是同治年间以平乐为中心的府江商业网络重建的基本情况。

关于平乐粤东会馆的基本情况，碑文如是记载：

平乐于秦属桂林郡，于汉属苍梧，三国时属吴始安，唐贞观中称昭州，元大德中始称平乐，历明至我朝，因而弗改。其地距广州千五百余里，而居湘漓之冲，滩泷之□□□兹分焉。东之商民连舻而至者，道相望也。会馆之设创自明，第沧桑以前无可考。顺治丁酉，宇宙鼎新，有萧孝廉曾彦者为之清地界。越四十年至康熙丁丑，规模始成。乾隆庚寅，有陈尚君者，拓而营之，制始大。嘉庆丙寅，东人之官副总兵者萧凤来，率众重修之。咸丰年间毁于寇，余同邑陈见田太史方守是郡，尝寓书于余，言守城御寇事。会馆固□城外，豺豕之所蹂躏，樵牧之所踯躅，欲理之未遑也。

平乐粤东会馆最大宗的贸易为盐、米。因此，同治十二年重修平乐粤东会馆的核心在于重整盐务。清代广西的盐法较为复杂。乾隆年间，广西盐法改埠归纲，招商承办。府江的总埠为临全埠，而平乐埠也隶属于临全埠。嘉道年间，平乐埠最大的盐商为李宜民。李宜民（1704—1798）字丹臣，号厚斋，祖籍江西临川县，寄籍广西桂林。李宜民以“李念德”之名经营临全埠盐务。道光二十四年（1844），潘仕成以“潘继兴”之名接替“李念德”，成为临全埠总商，平乐埠的盐务亦因此均归其管理。潘仕成（1804—1873），字德畬、德舆，祖籍福建漳州。潘仕成是清末广州十三行的巨商，其经营的业务既包括了广西盐务，也涵盖了对外洋务，对道光年间的政局有着举足轻重的影响。太平天国运动之后，包括潘仕成在内的许多盐商受到极大冲击。潘仕成在平乐的业务因此中止，与此同时，亦没有殷实盐商继续承办平乐盐务。平乐知府遂设局听任散商分销食盐，以此获得足够的军饷收入。此为同治十二年平乐粤东会馆重修的背景。

重修粤东会馆之后，平乐府的绿营军成为了府江中游地区市场秩序的主导者。因此，《重建会馆并戏台碑记》出现了大量的军队捐助，此为咸丰以后区域市场发生的重大变化。绿营军在控制府江中游市场后，对来往商船及商户施行抽厘，以补给军需。

《重建会馆并戏台碑记》的另一特点，是反映了以平乐为中心的区域市场范围。捐助名列以地名作为区分，共提及了平乐、桂林、梧州、沙子、荔浦、长滩、二滩、恭城、马岭、阳朔、昭平、榕津、伏荔（福利）、莲华、修仁、龙虎、张家、大扒、英家、广运、巴江、黄牛、思贡、兴坪、大结、大贝、白沙、高州、栗木等二十九个市场地。上述二十九个市场地，基本覆盖了整个府江流域。除桂林、梧州为府江上下游的两个府外，其余大部分的地点为平乐府的圩市。这些圩市以捐助金额的多少排名。这些排名清楚反映了同治年间平乐县各圩市的经济规模。

● 同治十二年《重建会馆并戏台碑记》

[illegible]

[illegible]會館[illegible]記

平桀於秦蜀[illegible]於湖[illegible]會館[illegible]三國時[illegible]安[illegible]中[illegible]州[illegible]

並分蜀東之蜀[illegible]道而至者道相望也會館之設[illegible]業以蜀無[illegible]

寅有陳尚君者[illegible]而營之創始于嘉慶丙寅某人之首[illegible]

城外舒於之所[illegible]之錢欽程之不達也同治庚午會始不廣而遞經五[illegible]

其甲諸鄉兵余因為之説曰人情之[illegible]力之氣聚[illegible]

足以和衆而厚俗[illegible]數十年之久[illegible]而不以為[illegible]以至今日[illegible]

損資則民德而不言勞財費而不言益[illegible]遷之利不必其倍且徙也而[illegible]

者曰記之也　神其相之則懋遷之利倍且徙固可操券得者是則施德[illegible]之理儒者所不言也[illegible]黄[illegible]

賜進士出身　三品頂戴黄西[illegible]先[illegible]用道前翰林院侍講[illegible]道監察御史[illegible]書

本館[illegible]針[illegible]向[illegible]三分[illegible]分金丁丑丁未[illegible]庚[illegible]

[illegible]

在碑文捐助名列之中，专列出“众信敬送物件”。这一部分清楚列出了各堂会敬入神殿的物品及地产。这些堂号包括了智乐堂、善庆堂、丽泽堂、信泽堂、联胜堂、三顺堂、周延高、赖介锡堂、锦幛会、顺邑张允章、仕寿堂、保安会。在传统社会中，庙宇、会馆的重修对神殿物品的敬送极为讲究，一般是有实力、有地位的商号或组织才有此资格。这些商号及组织又多为会馆的总理或理事。因此，上述所提到的十二个堂会，应是同治时期粤东会馆中最有实力的商号或堂会。

《重建会馆并戏台碑记》反映了太平天国以后府江中游地区市场格局的重组。在这一时期里，军队取代了潘家，成为了平乐地区市场的主导者。这种变化不仅反映了历史时期的动荡与变革，也揭示了地方社会经济结构转型的复杂性。

动荡中的商机

——光绪二年《重修粤东会馆碑记》解读

咸同年间，因太平天国运动的爆发，全国范围内的用兵开始变得频繁。频繁的军事开支导致清政府的财政日渐窘迫。在此背景下，北京的铜斤亦因此变得极为紧缺，朝廷甚至一度下令在京的官民上缴超过一斤重的铜器。为解决这一困难，朝廷开始重启停顿已久的云南铜政。与乾隆年间不同的是，同光年间云南铜政外运的主要路线为广西右江，而非黔贵线。新铜政的关键在于招商，清政府希望以官督商办的形式获取充足的铜斤。在这一背景下，百色城的粤商成为了清政府招商的关键。

但在太平天国运动的过程中，百色及右江地区的社会秩序受到了严重冲击，滇铜贸易亦大受影响。因此，在朝廷招商的大背景下，百色城的官员与商人希望通过重修粤东会馆，能积极地参与到铜政之中。此为光绪二年（1876）百色粤东会馆重修的大背景。

关于太平天国运动对百色商业的影响，碑文如是记载：

盖康熙年间，我粤东人士所筑旧馆也。其时海宇升平，闾阎殷富。客斯土者，莫不出采珣琪，归驮鍮鉐，陋于阗之月白，小檀谷之英丹。运有通无，达乎数省。胜残去杀，待此百年。继迄咸丰，倏腾浩劫。桂平啸聚，叹青犊以呈妖；柳郡披猖，悼苍鹅而肇衅。游魂放命，钩爪锯牙。犷獠成群，猾狂载道。此地之芝栭藻井，凶焰旋摧；昔年之舞榭歌台，逆氛遽烬。遂使莓苔上壁，愁风雨以漂摇；瓦砾成场，话烽烟之歇息。此则经乱以来，重修难已者也。

《重修粤东会馆碑记》刻立于光绪二年，现存于百色市粤东会馆内。全碑分为碑文、捐助名列、抽厘名列、开支明细四大部分。该碑的撰文者为谭宗浚。谭宗浚，广州府南海县人，同治十三年（1874）甲戌科陆润庠榜进士第二人。谭宗浚的父亲为著名学者谭莹。谭莹是广东著名书院“学海堂”的重要创办人之一，在广州地区有着较高的名望。谭家与广州城的商人群体，一直有着密切的来往。而在同光年间，谭宗浚已在朝中颇具政声，其时任四川提督学政。因此，我们不难理解百色城的粤商为何要请谭宗浚撰写碑文。谭宗浚撰文的地点为“羊石鹅潭”，即指广州城西关的白鹅潭。这一情况说明碑文为百色粤商专门遣人回广州城拜请谭宗浚撰写。

但值得注意的是，此次重修百色粤东会馆的关键人物并非谭宗浚，而是百色同知麦文震。麦文震为广州府香山县黄阁人（现属广州市南沙区）。麦氏早年并没有考取功名，只是出任幕僚。

其游走于两广之间，交游极为复杂，与官员、商人、土司甚至流匪均有来往。光绪初年，麦文震积极联络百色城的粤商，共同重修粤东会馆，以此在铜政中获取更多的利益。也正是麦文震官商勾结的行为，对百色及右江地区的影响过深，导致了朝廷铜政难以顺利施行。同年，李鸿章命刘长佑巡抚广西，大力整顿吏治，以确保铜政的顺利实施。而刘长佑在广西整顿吏治的第一件事就是弹劾麦文震。刘长佑对麦文震的评价是："性情谲诈，操守平常，着即革职，永不叙用。"麦文震被弹劾后，回到广州城居住于粤秀山下。

刘长佑是晚清政局中不可忽略的重要人物，其在西南地区先后任广西巡抚、云贵总督，是李鸿章处理西南事务时甚为依赖的官员。正是刘长佑的到任，导致此次粤东会馆重修的目的几乎流产。

此次粤东会馆共收入白银一万零九百三十六两五钱□分九厘，其中捐助银为七千三百六十一两五钱九分，抽厘银共计三千五百一十八两五钱八分。捐助的比例占到70%以上，而抽厘的比例只占30%左右。重修款源的比例情况，充分说明了商人捐助的热情较高。商人们希望通过捐助巩固自己在右江流域市场中的地位并以此获得更多利益。

同时，如果按照千分之三的比例估算，百色粤东会馆每年的营业额为100万两白银。按照这一数额，我们大体上能对清末百色城的市场有较为准确的把握。百色粤东会馆在光绪六年（1880）仍有一次重修，但在开支金额上远少于光绪二年的重修。此次重

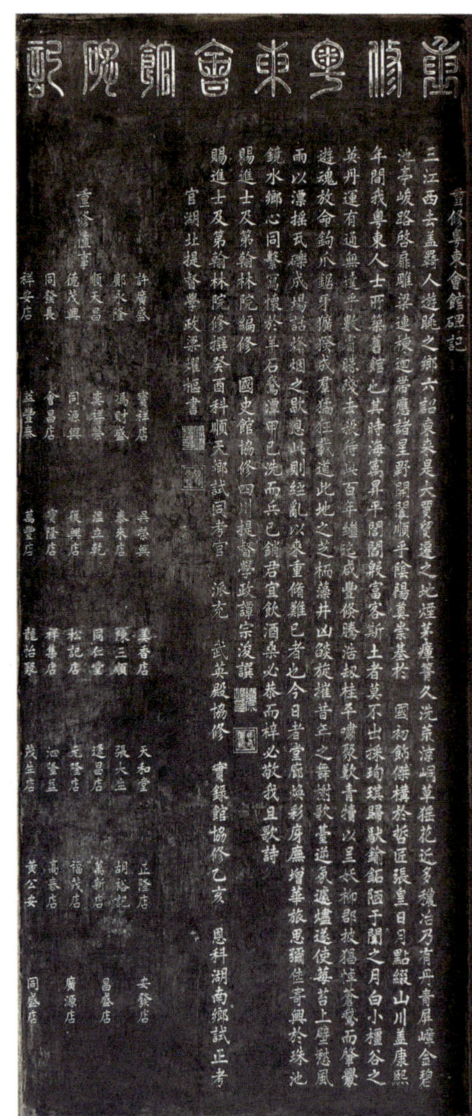

光绪二年《重修粤东会馆碑记》（局部）

修是清末广西各地粤东会馆最大规模的重修活动之一。金额的巨大，足以说明百色粤东会馆在西江流域贸易中举足轻重的地位。

根据碑刻开支的明细中，有几项内容值得注意：

首先，在“乌烟花眷”方面共花银三百五十三两九钱九分三厘。“乌烟”即指鸦片。在会馆落成庆典的支出中，公开注明用鸦片招待官员及商人，足以说明清末官场腐败的公开化情形。其次，“宁色禅搬运上落伕脚银”一项，说明会馆修缮物资的采购在南宁、百色、佛山三地。最后，“由禅山色船装石碑到百色船脚银”一项，提示了我们在研读以往的粤东会馆重修碑时，时常会忽略掉的重修碑记的刻凿地。此项细节告诉我们，石碑是从在佛山刻凿后再运至百色城。

因此，《重修粤东会馆碑记》反映了在清末地方社会动荡的背景下，百色城的粤商如何通过重修粤东会馆以维护自身的商业利益。

贸易纠纷

鬻鱼贩米

——乾隆四十五年《奉宪禁止慍封九江民船勒石永遵》解读

明清时期，有大量的广东南海九江疍民至西江中上游地区广西境内鬻鱼贩米。此为西江流域米粮贸易之所以繁荣的基础。九江疍民的越境贩米导致了广西地方米价腾贵，梧州等府的地方官员遂封船阻拦民船出境。《奉宪禁止慍封九江民船勒石永遵》碑记录了两广总督桂林（满洲人）禁止地方官员阻拦民船出境一事。该碑刻于乾隆四十五年（1780），早年存于梧州市北山公园碑廊，现已被移至梧州市博物馆内存放。该碑虽为断碑，但并不影响对内容的把握与理解。同时因该碑学术价值较高，本书特作收录解读。

九江船民到两广总督部堂状告地方官员后，两广总督桂林出于确保广东粮食供应的原因，对案件作出了批示，禁止地方官府阻挠九江民船出境。“无伦装载鱼苗、稻谷、杂粮、柴草以及其他商品”，均应允许其搬运。两广总督桂林批示后，广西布政使朱椿随即将批示刻立于梧州沿江码头。在碑文中，桂林、朱椿还提及了粮驿道的饬禁，也证明了此案涉及广东储粮的问题。

时任两广总督的桂林为满洲镶蓝旗人，廪贡，乾隆四十三年（1778）出任两广总督。桂林主政两广三年，碑文中的案件发生于其任职的第二年。朱椿，上海南汇沈庄人，乾隆四十二年（1777）任广西布政使，乾隆四十六年（1781）升任广西巡抚。因此，从时间上可以判断，该碑为朱椿升任广西巡抚前所立。

明清时期，南海九江疍民一直以来往于西江上下游，以捕捞鱼苗为生计。他们生活在广东南海九江，这里被西江、北江所环抱，渔业资源丰富，孕育了数百年的鱼花产业。疍民，又称疍家、蜑户，是在广东、广西沿海和内河上从事捕鱼和水运的渔民和水上居民，他们以舟为家，以捕鱼为业。鱼苗，别名鱼花，指孵化不久的幼鱼，一般体长6—9毫米，包括人工繁殖的鱼苗和来自江河的天然鱼苗。西江因渊潭众多而鱼苗尤为肥美。九江疍民非常熟悉西江的水文，可根据盛潦、风雨、电光等情况判断鱼花来自何条支流，擅长捕捞各色西江流域经济特色鱼种，如鲫鱼苗、珠江草鱼苗、广东鲂苗等，以及西江流域特色鱼种，如斑鳠苗、鳗鱼苗等。其中，尤以来自柳江支流的鱼苗品质最为上佳。明弘治年间，因肇庆地区的疍户逃亡甚多，两广总督刘大夏将西江两岸河埠上自封川、下至都含，让九江乡民承为鱼埠，纳税给帖捞鱼。

每年春夏之际，九江疍民捞起鱼苗后，入塘养至第二年春，再装载运至西江上游各府县出售。在交易的过程中，疍民又多以鱼苗兑购谷米，再将谷米运至广州府的番禺、南海、顺德出售。鬻鱼与贩米两个反向的贸易活动，是九江疍民生计的两个重要来源。九江疍民活动的实际范围并不局限于广东境内，他们进入广西境内活动是常有之事。碑刻中提及的九江疍民群体的活动范围主要在浔江流域，梧州府的苍梧县、藤县及浔州府的桂平、平南等县，并没有包括府江平乐府各县。入清以后，随着珠江三角洲地区粮食短缺的情况日渐严重，贩运鱼米的利润变得更为可观。从上游（主要为广西境内）搬运谷米所获得利润的比重，甚至超过了鱼苗的收入。

对于九江疍民搬运谷米一事，广东官员与广西官员呈截然相反的态度。九江疍民搬运频繁且数额甚大，加剧了广西地区的粮食供需矛盾，从而推高了米价，影响地方社会的稳定。因此，以梧州府为代表的地方官员往往会采取拦截民船出境的办法，阻拦西米东运。与此同时，广东方面的官员则对九江疍民的越境搬运活动持支持的态度。对于广东官员而言，谷米的贩运，能确保珠江三角洲地区米价与社会的稳定。特别在康熙末年以后，广东各府县的常平仓经常缺额，谷米存量的不足为常态。广东地方官员为了解决粮食问题，需要借助九江疍民的力量，从广西境内贩运谷米回粤东补仓。因此，两广的官员围绕九江船民的问题形成了完全相悖的态度。

乾隆四十五年《奉宪禁止槛封九江民船勒石永遵》

状告衙差

——乾隆五十五年《奉爵阁部堂福大人饬禁妄扳碑记》解读

在清代，浔江流域为重要的米粮产地，其出产的大米主要供应珠江三角洲地区。大量的广东商人到桂平、平南地区从事米粮贸易活动，由是与地方衙差之间不可避免地出现了各种矛盾、纠纷。乾隆五十五年（1790）《奉爵阁部堂福大人饬禁妄扳碑记》记录了清中叶浔江流域商人与衙差之间的纠纷情况。该碑收录于《太平天国在广西调查资料汇编》，实物现存于贵港市桂平县金田镇三界庙内。金田镇即清代的大宣圩。大宣圩又名新圩，地处浔江北岸，为大宣二里的中心市场。太平天国运动亦发生于此。

碑文记录了广东南海县商人周魁国、刘懿章赴两广总督衙门状告地方衙役乡霸欺凌商人一案的情况。该案为乾隆末年桂平地区的大案。时任两广总督福康安的判决也对浔州府地区的商业发展产生了深远影响。该案的判决，最终导致了乾隆末年桂平江口及其他圩市粤东会馆的创设与重修，西江流域的商业秩序亦因此发生了重组。该案虽是周、刘二人上诉，但其绝非仅为个人行为，其实际上代表的是在浔江中游地区营商的广东商人群体（主要是南海、顺德商人）。乾隆末年，浔江地区的商人不断到县衙、府衙状告乡霸、衙差甚至官员，内容包括了补仓摊派、诬陷栽赃、私封民船等问题。但广东商人的状告大多无疾而终。因此，广东商人上告至两广总督衙门。两广总督遂作出批示，并让浔州知府、桂平知县抄录勒石。

根据碑文，该案案情具体如下：

据商民周魁国、刘懿章等呈前事称：蚁等生长东粤，向在广西永和、大宣圩开铺营生，素蒙县主抚恤，乐业安居，贸易无虞。近因娄差土棍垂涎资本，虎视眈眈，每缘赊贷不遂，措买不从，挟恨成仇，奸谋百出。或嘱娼指奸，或用私钱跳陷，或串匪犯案后供扳，或夥棍徒飞书吓诈。间有赝称同场赌博，捏指贮银铺内，肆行陷害，罄管难书。虽历案均蒙讯释，未致干罪。然一经诬陷，苦不堪言。资本丰饶者，积周岁之勤劳，尽供一堂之使费；资本短少者，重利揭借，以饱差囊。则异时鬻妻卖子，皆由此日供扳。种种苦情，吁天难诉！

在周魁国、刘懿章一案中，时任两广总督为福康安。福康安（1754—1796），满洲镶黄旗人，原名为傅康安，富察氏，字瑶林，号敬斋。乾隆五十四年（1789），两广总督孙士毅兵败安南，引发了边疆危机。乾隆帝遂调福康安为两广总督，负责处理安南事务。但福康安到两广上任之后，除着手解决安南问题外，还处理了包括本案在内的大量商业纠纷案件。如果从常理而言，基层衙役、乡霸与商人发生的纠纷并不属于两广总督需要处理的大案。而福康安着手处理这一系列案件，有两个方面的原因：其一，乾隆末年，西江洪灾频繁，珠江三角洲地区的米价腾贵。同时，浔州地区的官商纠纷，又严重影响西米东运，从而无法确保南海、顺德等县的粮食供应。福康安希望通过禁革衙差骚扰商人以畅通米粮贸易。其二，乾隆年间，清廷在各地用兵频繁。而此时安南之役军饷的开支更是数额巨大，福康安希望得到商人的支持以解决军饷的问题。基于这两点原因，福康安的判决及批示并没有袒护桂平地方官府，其结果完全有利于广东商人。此为福康安的立场及判决动机。

从这起诉状可以了解，当时衙差欺凌广东商人的主要方式有：一、赊贷不还。如果赊贷不遂，则栽赃商人并加以指控；二、买通娼妓诬陷、指控商人；三、用私铸的钱币诬陷商人有交易欺诈行为；四、如遇商人案件，串通案犯翻供诬陷商人；五、飞书恐吓商人；六、在广东商人开的赌场内赌博，捏称存银于铺内。虽然广东商人状告的对象为衙差乡霸，但实际上必然与地方官员有着莫大的关联。故福康安在判决此案的过程中，实际上是借机整顿地方吏治，以解决“营商环境”的问题。

该案的诉状，在很大程度上促进了广东商人的团结。浔州府的粤商在结案之后，即在桂平江口圩与平南大安圩创设了粤东会馆。而大宣则是江口粤东会馆的分栈。这些会馆均将福康安的禁革碑竖立于会馆之内，以对抗地方衙差的刁难。

禁革拦船派差
——嘉庆七年《奉宪禁革平桂倒扒船杂差碑》解读

清代西江流域贸易的发展，不仅取决于广西与广东双方的供需关系，还依赖于大量游走于两广之间的船户。这些船户来往于两广之间，造就了清代西江流域市场贸易的经济繁荣。《奉宪禁革平桂倒扒船杂差碑》反映了西江船户在运输过程中所遇到的各种困难。该碑刻立于嘉庆七年（1802），现存于梧州市博物馆内。该碑虽为残碑，缺少部分内容，但存文仍清晰可辨，且有较高的学术价值，故本书特作收录。

倒扒船为西江江面较为常见的一种小艇。因船家在划船时，背坐而划，故称为倒扒船。相较于传统摆渡用的小艇，倒扒船更具有灵活性和适应性，官府衙役多用其拦截来往船只。一般而言，在各类碑刻中，很少具体提及船只种类的细节。此为研读该碑首先需要留意的地方。

《奉宪禁革平桂倒扒船杂差碑》的内容为两广总督觉罗吉庆禁革广西地方政府设卡私抽、骚扰船户的事宜。根据该碑记载，船户黄臣福、曾逢书、黄朝运到两广总督府控告杨升、汪全二人冒充衙役。众船户声称，杨、汪二人私设船行抽分银两，由此导致船户运输成本增加，苦累船民，影响了西江航运的顺畅。两广总督觉罗吉庆对此案作了批示，一方面严拿究治杨升等人，另一方面则勒石批示，禁革此类事情再度发生。在觉罗吉庆批示之后，广西布政使、按察使及梧州知府又分别再作批示，与总督的批示一同刻于碑石之上。

众所周知，船户的身份为疍民或疍商，其社会地位卑微，为何能向两广总督状告地方衙役？而更有意思的是，两广总督觉罗吉庆在办理案件的过程中，完全是站在维护船户的立场，并没有偏袒广西地方官员。觉罗吉庆，为正白旗人，江宁将军觉罗万福的儿子，也是嘉庆皇帝的近臣。嘉庆元年（1796），清仁宗登基后，即派觉罗吉庆前往广州城，就任两广总督。觉罗吉庆在上任两广之前，颇具政声，曾成功处理过漕米、盐政等事务。有清一代，广东的铜斤经常处于紧缺的状态。觉罗吉庆经常需要差使船户经西江前往云南方面搬运黄铜。因此，觉罗吉庆在批示中尤其强调，“遇铜差到境”，一定要按照批示及章程办事。不为过地说，西江船户是两广政府财政收入稳定的重要因素之一。除铜差外，两广总督及广东地方官员在盐运、仓储等问题的处理上，亦有赖于船户的搬运。因此觉罗吉庆为确保两广总督军饷财政的来源，在这件案子上极力维护船户利益。

觉罗吉庆对案件的批示具体如下：

嗣后一切杂差□行免办，如遇铜差到境，照依原定章程□□一当应，不得违误。该县务须查照需用船只多寡，按数发封，交船□□人拨应，按站给价，不得□手差役，□封□□□有私设船行抽分银两，□□□封船只，勒索拐阻，苦累贫民。许放官船，□禀□官究治，尔各船户不得抗□□□，亦不许藏匿匪类，并误□实际货物。倘有故违，一经察出，□即□□严办，均毋有违，特示！

虽然杨升、汪全被指控为冒充衙役，但并不代表该案与梧州府的地方官员无关。二人实际上就是地方官府衙役的代理人。在清代，财政收入窘迫为地方政府的常态。日常征收的田赋并不足以支撑州县政府的财政开支。因此，沿江的州县往往会以摊派杂差、补仓等名目对来往商船抽征。此为西江沿岸政府财政收入的另一重要来源。但拦船抽征又为非法之事，故地方官府一般不会直接派遣衙役拦船，而是委借地方豪强势力对来往船只肆行勒索。案件发生之后，地方官府为了推脱责任，杨升便成了“冒充衙役”之徒。因此，该案表面上是船户控告假冒衙役，实际上为两广总督对地方官员的训示。地方官员紧跟在后逐一作出批示，更像是对两广总督的承诺。而两广总督勒石禁革的目的，则在于强化对西江流域航运秩序的控制。

清代西江流域贸易的繁荣，导致了各种利益的博弈。河道权力体系的多元使得贸易关系更为复杂。船户与官府之间、总督与

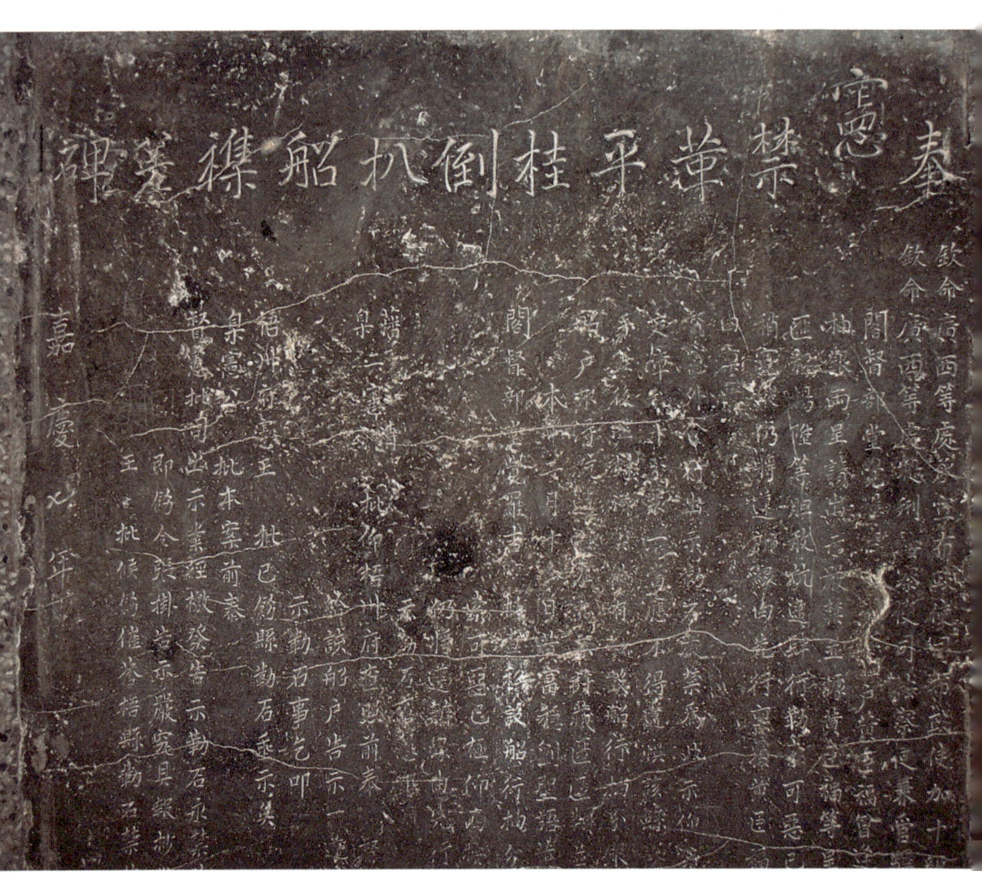

嘉庆七年《奉宪禁革平桂倒扒船杂差碑》（局部）

地方官府之间存在着微妙的角力与博弈。不同的权力主体都力图建立自身对西江河道的控制。在《奉宪禁革平桂倒扒船杂差碑》中呈现了商业运输背后复杂的层级权力关系网络。因此，该碑折射出了两广总督围绕着船户问题与地方官府之间的博弈，这一博弈本质上是两广总督的财政与地方州县财政之间的矛盾。

禁革盐运纠纷
——道光十五年《盐运禁革碑》解读

在清代，盐政是广西政府财政的重要来源。在食盐运销的过程中，因涉及盐商、官员及水手等不同群体，其中的关系变得错综复杂。因水手而引起的纠纷、案件更是数不胜数。该碑刻立于道光十五年（1835），原碑并无碑名。为读者研读方便，笔者取名为《盐运禁革碑》。该碑虽为断碑，中间阙失了部分文字，但因碑文尤为重要，且仍能清楚辨析其内容，故特作收录。该碑现存于梧州博物馆内。

《盐运禁革碑》的主要内容为苍梧知县勒石禁革临全埠盐运过程中的各种陋习，以杜绝水手与盐商再起纠纷。从残存的碑文可以看出，其内容主要包括以下情况：其一，在途中如遇意外，导致水手身亡，盐商应出钱为其买棺埋殓，但水手亦不能借此闹事；其二，水手不能途中盗卖盐包，以致盐商亏空；其三，如遇水手溺水身亡而又无法打捞尸首的，家属不能妄意勒索，以致影响盐运；其四，盐商应挑选诚实本分且熟悉的船户，避免选择陌生人及恶棍歹徒。有牌照的水手才能获得受雇资格，受雇水手应执牌轮流受雇，不能僭越。而盐商亦不能暗留水手。从内容不难判断，当时船户、水手与盐商之间的纠纷已影响到盐政的顺利运作。尤其梧州介乎两广之间，为两广盐运重镇，故地方官员对此事格外关注。苍梧知县希望通过严格管理船户、水手，禁革各种陋习以确保盐政通畅。

有清一代，广西的盐法经历了数次改革。雍正年间，广西盐政为官运官销制度。至乾隆年间，再改为招商承办。朝廷在广西平乐等二十八个州县招商行盐。在这一制度下，梧州府负责备盐二万四千包，交于各府运回，其中桂林七千包，柳州府七千包，庆远府三千包，而剩余的盐包则仍存于梧州城。因此，在埠商行盐的体制下，梧州城为贮盐重地，而朝廷在西江、府江流域又分设了不同的盐埠。其中，桂林府的九个埠以及平乐埠、恭城埠被统称为临全埠。临全埠为广西第一大埠。同时，又因广西省城地处桂林城，故临全埠的行盐情况被广西巡抚、布政使司格外关注。

在乾、嘉、道年间，临全埠的总商为李宜民。从雍正年间开始，李宜民就已承运广西各地的盐运业务。李宜民，江西临川人，字丹臣，号厚斋，是清代著名的盐商，其家族后享有“临川李氏”盛名。李宜民最初只身一人在湖北汉口做生意，后辗转至广西桂林，以替人代写文字书信为生。随后，李宜民白手起家，逐渐成为了名噪一时的大盐商。

乾隆二十三年（1758），李宜民以“李念德”的商名承充临全埠，由此成为了临全埠的总商，时为广西最大的盐商。嘉庆三年（1798），李宜民病逝，其子李秉瑞仍以父亲“李念德”的商名

道光十五年《盐运禁革碑》

承办临全埠盐业。但也就是在李秉瑞接手后，临全埠开始逐步亏损，“运本渐形支拙，存引积压，转运无资”。道光十年（1830），因为经营不善，“李念德”不得不借十二万两白银以做运营资本，临全埠盐务濒临破产。因此，《盐运禁革碑》实刻立于“李念德”的衰败期，该碑的内容也深刻反映了临全埠在这一时期经营的困境。

因经营窘迫，“李念德”不断向两广总督呈报，声称在食盐搬运的过程中，屡屡招致盐帮、船户、水手的刁难勒索。其中，水手经常会谎称盐包过重，以失水难于抢救为由偷盗盐包，这些情况致盐商连年亏损。而地方官员亦将这些情况报送至户部。户部为此将盐包从大包改为小包，以便转运及管理。同时再责令地方官府禁革运销过程中的各种陋习。但地方知府的禁革最终并不能挽救“李念德”破产的命运。道光二十四年（1844），行商潘仕成以“潘继兴”之名接替“李念德”，成为临全埠总商。

道光年间，临全盐埠盐商与船户、水手之间的关系复杂且多变。盐商作为食盐运销的主要承担者，与政府、民众之间存在着紧密的利益联系。他们通过垄断盐业贸易，积累了巨额财富，但同时也面临着政府课税的压力。作为盐业运输的重要环节，船户和水手的生计与盐商的运营状况息息相关。然而，由于盐业贸易的垄断性质，船户和水手往往处于被剥削的地位，生活艰辛。道光年间的盐政改革，试图通过调整政府、盐商和民众之间的利益分配，来寻求一种更为均衡的关系。因此，该碑的禁革内容对临全盐埠的盐商、船户和水手有着深远影响。

定限米价

——道光十三年《奉各大宪定限米价章程》解读

在清代，珠江三角洲地区米粮短缺现象异常严重，粤商遂从广西各地大量贩运谷米前往广州、佛山地区出售。因频繁的搬运，广西各地米粮价格普遍上涨。在此背景下，广西各地官府采取各种办法阻拦谷米出境及过境以稳定本地物价。但阻拦谷米出境，又势必导致西省米价上涨，故广西地方官府多采取折中的处理办法，在米价平稳时允许谷米出境，而在米价昂贵时则禁止出境。《奉各大宪定限米价章程》反映的就是清中叶广西地方官府如何解决米粮外运与价格稳定的矛盾。该碑刻立于道光十三年（1833），碑石原存于横州市人民医院内，碑文收录于《太平天国在广西调查资料全编》之中。

横州地处广西中部，当地地势平坦，盛产稻米，是清代广西重要的米粮种植区域，故客商在当地贸易过程中产生了大量纠纷。《奉各大宪定限米价章程》记录的主要内容为时任广西巡抚祁贡关于谷米贸易纠纷案的批示。

该碑实际上记录了两桩官司。第一桩官司为嘉庆十四年

（1809）当地乡绅李光霖状告客商一案。时因广东商人贩运过多，导致横州米价昂贵。广西布政使为此延续了嘉庆八年（1803）的限制规定，凡每百斤的米价在二两以下的，地方官员不能阻止谷米运出横州，但若米价超过二两，则只能在本地出售。此桩官司规定的范围主要在横州境内，并不涉及转贩过境的谷米。同时，需要指出的是，当时广西各地的官府亦多以二两/百斤作为限定的价格。

第二桩官司则为客商李德基控告地方土棍阻拦谷米出境一案。与嘉庆十四年的案件相比，李德基案牵涉的范围更大。对于该案，祁贡一方面维持了嘉庆年间的规定，每百斤价格在二两以下的，听任商贩搬运出境；但与此同时，祁贡又增加新的规定，凡是商贩在别处购入、转运过境的谷米，地方土棍亦不得阻挠。这一情况说明了道光年间横州的米粮市场变得更为复杂。此前，土客纠纷多因对本地产米的争夺而起，此时已发展至阻挠过境之米。因此，本案纠纷的焦点实为对过境之米的处理。

兹抄录祁贡对该案的具体批示如下：

自示之后，尔等各遵宪批，仍照前定章程，如米价每百斤在二两以下，听商贩运出境，不得阻挠。如价至二两以上，止准在本境粜卖，以济民食。倘本州米价每百斤米至二两以上，或客商由别处贩运过境，如有土棍人等藉端掯索，定即严拿究办，各宜凛遵毋违。特示！

案件批示的“抚宪祁”即指广西巡抚祁贡。在此案中，祁贡主要站在朝廷的角度考虑两广地区粮食的供应，而非横州一地一乡的价格问题。祁贡（1777—1844），字竹轩，山西高平人。嘉庆元年（1796），祁贡中进士，历任刑部主事、河南粮盐道、浙江按察使、贵州布政使、刑部右侍郎、广西巡抚、广东巡抚。在该碑刻立的当年，即1833年，祁贡被道光帝调往广东，任广东巡抚，后再升任两广总督。因此，该案为祁贡在广西任职末期的案件。也正是由于朝廷认可其在两广米粮贸易及在相关问题上的表现，祁贡才得以被调往经济更为富庶的广东地区任职。道光十八年（1838）祁贡调任刑部尚书。鸦片战争爆发后，他积极参与战备，修缮防务，重修虎门炮台，并修造新式战舰。

碑文“藩宪郑”则是指广西布政使郑祖琛。郑祖琛（1784—1851），字梦白，浙江乌程（今属吴兴）人。嘉庆十年（1805）郑祖琛中进士后，历任广饶九南道、直隶天津道、两淮盐运使、福建布政使等职，后再调广西任布政使。道光二十五年（1845）任云南巡抚兼署云贵总督。

该案的另一焦点为谁是土棍？这些土棍的来源实际上有二，一是当地恶绅，二是地方官府。这些恶绅为地方社会的权力精英，通过拦截本地及过境的谷米而获得大量的利益。而对于地方官员而言，因拦截米粮并非合理之事，故其只能借助土棍、乡霸的势力阻挠谷米过境，逼其在本地出售，借此稳定地方物价。

粮食，乃生命之根本，其价高低关乎生活优劣。广西各地官府采取各种办法阻拦谷米出境及过境，稳定本地物价。这措施不仅有助于平衡当地的粮食供求关系，稳定粮价，还体现了广西巡抚祁贡在面对复杂的社会经济问题时，所采取的灵活和务实的政策态度。“定限米价章程”的实施，对清代广西横州的粮食市场和社会经济产生了深远的影响。

渡还北帝
——光绪二十三年《那连墟渡口归还告示碑》解读

明清时期，基层社会经济纠纷的内容繁多、范围甚广，除一般熟知的田产、交易外，还包括渡口产权的纠纷。同时，许多渡口的产权又并非归属于个人，而是庙宇或宗祠的产业，由此导致官司更为复杂。一般此类官司结束后，地方官府会将裁决结果以告示碑的形式公之于众。《那连墟渡口归还告示碑》记录的就是光绪年间宣化县知县裁决那连墟渡产权归属的情况。该碑刻立于光绪二十三年（1897），现存于那连墟北帝庙内。该碑原无碑名，为研读方便，笔者取名《那连墟渡口归还告示碑》。

清代那连墟属于南宁府宣化县管辖，现归入南宁市邕宁区。那连墟又称那莲墟，为与碑文保持一致，笔者仍采用文中“那连墟”的写法。那连墟地处邕江支流八尺江畔，离市区约十公里。在清代，那连是邕江流域重要的交通枢纽，也是当地最为繁荣的墟市之一。民间一直流传着“先有那连，后有扬美”“上有扬美，下有那连，中间亭子两墟连”的说法。那连上通龙州、百色，下连梧州、广州，西南接廉州、钦州，也是盐道的中转墟埠。明清时期，那连交易的商品以大米、盐、土布、蔗糖为主。

那连墟北帝庙为当地最重要的庙宇，该庙创建的时间不详，在嘉庆二十二年（1817）曾进行过大规模重修。在清代，北帝庙为墟市贸易的管理机构，故《那连墟渡口归还告示碑》存于该庙之内。值得注意的是，那连北帝庙的庙会时间并非北帝诞的三月三，而是农历四月二十。这一情况也从侧面反映了那连墟民族的融合与文化的多元性。

该案的关系颇为复杂，其纠纷的内容主要为那连墟岁贡生杜国卿状告渡夫李朝恒侵吞渡口。根据碑文记载，李朝恒为灵山县江底村人，而那连墟渡则为北帝庙产业。先前，北帝庙雇请李朝恒为渡夫，但李朝恒最后“侵占渡产”，成为了渡口的实际控制人，并向当地人收取渡钱。随后，李朝恒又联合灵山土豪孔庆富，声称那连渡的产权属于灵山江底村犁耙渡，为犁耙渡的产业。因此，李朝恒的供词实际上是否定那连墟北帝庙对渡口码头的所有权与管理权，其真正的目的在于取得渡口的控制权。

该案件的焦点在于李朝恒是否真正有实力与那连本地的乡绅对抗。毫无疑问，如果李朝恒只是一名普通渡夫，其不管是经济实力还是社会地位，根本不足以与那连墟本地乡绅抗衡。况且其来自邻近灵山县，并非本地人。因此，灵山土豪孔庆富才是真正的幕后指使者。因该案涉及了宣化、灵山两县乡民，故需移交灵山县查办。同时，因那连墟属于八尺巡检司的管辖范围，案件又需八尺巡检司查清事实。该案的案情并不复杂，重点在于两县衙门之间的协调。因犁耙渡为灵山县的管辖范围，故需灵山县查明

花翎同知銜調補宣化縣正堂軍功加五級議敘加三級紀錄十次陳　為出示曉諭
事案查前據那連墟歲貢生杜國卿等具控渡夫李朝恆需索過渡錢文并串同靈邑孔慶富
等把持霸據等情一案當經出示曉諭并移請
廣東靈山縣查辦嗣准
廣東靈山縣移開據江底渡村民人李朝恆具控黎瑞綱等貪利謀霸等情又經札飭八尺巡
司就近查明詳覆各在案茲據八尺巡司申據歲貢生杜國卿侍衛黎瑞綱生員雷龍光州同
銜胡武懷耆民梁志魁等稟稱情那連墟僻處八尺江毗連靈邑爲欽廉行人往來要津存有
渡夫李朝恆等撐駕詎伊不受約束反捏爲靈山江底村韓把渡將渡吞佔曾經稟蒙札飭八
尺司王查覆李朝恆自知理虧出具甘結首悔情願將渡交回那連墟北帝廟任從雇人撐駕
不敢再滋事端稟懇賞准銷案給示泐石以垂永遠等情同李朝恆首悔甘結一并轉申到縣
據此并據杜國卿等赴縣稟同前由除批示外合行出示曉諭爲此示仰該處諸色人等知悉
爾等須知渡船之設原以利濟行人該處渡船既經李朝恆具結首悔交還那連墟北帝廟嗣
後務當招雇妥人撐駕仍飭遵照向章收取渡費毋得格外多索擾累行人致滋事端其各遵
照毋違切切特示
光緒二十三年十月十一日
實貼那連墟曉諭
告示

光绪二十三年《那连墟渡口归还告示碑》

犁耙渡所有产业的情况。此外，八尺巡检司还需要查明李朝恒与北帝庙之间的雇佣关系。碑文中提到的岁贡生杜国卿、侍卫黎瑞纲、生员雷龙光、州同衔胡武怀、耆民梁志魁实为北帝庙的会首，他们代表北帝庙状告李朝恒。

更为重要的是，该案的发生，并非仅仅是对渡口产权的争夺，实际上更是两县乡绅、土豪之间的对抗。因那连墟是灵山县至南宁城的重要中转墟市，故其在开墟之际，邻近各乡的士绅均极有可能是重要的参与力量。孔庆富对那连渡的争夺，绝非无缘无故，其在那连墟必定拥有相当的实力与影响力。孔庆富通过利用同乡李朝恒的便利，取得了对渡口的实际控制权。该案呈堂的前提，是杜国卿等本地乡绅已经失去了对渡口的控制，无力阻止李朝恒等人对渡口的实际管理。换言之，异乡土豪与异乡渡夫能在那连墟取得控制权，其势力绝不能小觑。该碑表面上的内容为渡口归属裁决，实际上是两派势力对那连墟控制权的争夺。

因此，《那连墟渡口归还告示碑》不仅呈现清末南宁地区墟市的产权纠纷问题，也反映了官府关于墟市纠纷的裁决机制。

商人生活

无嗣之计
——道光二十八年《孀妇谭氏捐铺屋碑》解读

在清代，粤商入桂为普遍的经济与社会现象。在此过程中，部分粤商因商贸活动的需要，逐渐在广西各地定居，并与原籍地脱离关系。在定居广西的商人家庭中，因各种因素以及意外变故而出现鳏寡孤独等无继承人的情况乃常有之事。《孀妇谭氏捐铺屋碑》为我们理解这一现象提供了重要的文献依据。

该碑刻立于道光二十八年（1848），有近200年历史，为笔者于2024年3月在南宁市兴宁区北宁路民居内访得。该碑主要记载了家族传承和继承，以及新会商人遗孀谭氏因无儿无女，捐出铺屋以解决自己去世后的安葬、祭祀以及香火延续的问题。该碑原无碑名，为读者研读方便，笔者将其命名为《孀妇谭氏捐铺屋碑》。

《孀妇谭氏捐铺屋碑》的主人公为新会商人甘常来的遗孀谭氏。甘常来原籍广东新会，于南宁城北门外贸易营生，经济实力颇为殷实。但其迎娶谭氏后，谭氏一直无所出。同时，甘常来居邕后，与新会原族来往甚少，故其社会关系网络多依赖于在邕的同乡亲友。甘常来去世前并未立下遗嘱如何处理屋产，遗孀谭氏由是继承了其所有的铺屋产业。谭氏因担心自己去世后，与先夫无人祭祀，故将银两及铺屋捐入宗祠以作香火之费。

兹抄录碑文如下：

□□孀□谭氏者，自适常来甘公之后，伉俪有年，膝下奈无所出，□彼□世甚速，又无言所嘱立嗣之说，是以不决，孤掌难□，□目悽然。犹恐日后香禋断绝，先以银三十两捐入祖祠，□为香禋之费。今又将先夫遗下铺屋一所，坐落雨伞街，约□百□，再捐入祖祠。欲加□而增之，俾常来等神主□有依□，亦为无嗣之计也。然予今以此铺租为生，虽有此意，目下未行所举。俟予以终天年之际，祖祠有银用者，□□□三四十两。此铺原归祖祠，或无银者，或当□任执事者，□宜行事总之。埋葬之外，所剩余资仍归祖祠，留为春秋二祭之用，此诚予之愿也。

从碑文中我们可以清晰看到，南宁城北门外为粤商贸易活动的重要区域。清代的南宁城北门，又称迎恩门、望京门。该城门建于宋朝皇祐年间，位于现南宁市工人文化宫一带，是南宁五座城门之一。北门因优越的地理位置和便利的交通条件，特别是凭借邕江的水运优势，成为了当地商贸最繁荣的地区。

谭氏的捐助共分两次进行。此前，谭氏已捐出三十两白银作为香烟之费。谭氏去世后，其牌位将祭祀于甘氏祠堂之内，族人用该笔捐款作定期祭祀之用。在捐助三十两白银后，谭氏再于道光二十八年将甘常来所遗的一间铺屋捐入甘氏祖祠。该铺屋位于雨伞街。值得注意的是，谭氏的捐献契约并非立刻生效，而是在其去世后才执行。此外，谭氏名下店铺的所剩银两首先应用于谭氏的安葬，完毕后剩下的银两则归入甘氏祖祠，以作春秋祭祀的开支。因此，谭氏第二次的捐助旨在解决其身后的安葬问题。为确保捐助的有效性，谭氏将房契放入甘氏祖祠之内，并将捐献细节刻于碑石之上，同时再请族人见证，恐防日后有变。

谭氏的捐献在粤人、粤商所至之地具有一定的普遍性。尤其是移民中的中小工商业者，需要借助祠堂、会馆解决身后的安葬与祭祀问题。许多无嗣的商人会通过滞后性的捐助，确保自己身后事顺利处理。定居南宁的同姓广东商人主要以创建合族祠的方式加强彼此联系。合族祠除了有商业的功能以外，还兼备了慈善互助等社会功能。与此同时，许多祠堂、会馆又不断地通过接收无后商人的财产得以不断发展。这些祠堂、会馆管理着大量的铺产，以作祭祀及公共慈善的开支。因此，谭氏的举措充分体现了合族祠在处理商人的家庭问题中有着重要的作用。

在晚清大量的华工出洋浪潮中，在外的华人仍通过这一方法构建华人社区。因外出的华工基本为男性，社区的性别比例严重不平衡，这一群体大多无儿无女，没有家庭送终。在此背景下，许多华工将自己的店铺捐入同乡会，而同乡会则帮助其解决养老及身后的安葬问题。与此同时，这些同乡会亦借此积累了大量的铺产，用以为同乡华人提供生育、入学、养老等福利资助。这一模式在外国的华人社区中一直延续至今。

道光二十八年《孀妇谭氏捐铺屋碑》

纵观清代商业史，侨居他乡的粤商出现无儿无女的情况乃常有之事。对于那些无儿无女的粤商来说，通过合族祠的力量以延续“香火”，无疑是最理想的文化策略。

众筹义地

——咸丰八年《添置义地碑记》解读

义地，在古代社会与义仓一样，有重要的社会救济功能。义仓的设立是为了防备饥荒，而义地则是为苦难者提供葬身之地。《添置义地碑记》刻立于咸丰八年（1858），现存于桂林市七星公园南门内的碑廊处，原为湖南会馆的碑刻。该碑原无题名，为解读方便，笔者将其命名为《添置义地碑记》。

清咸丰年间，广西地方社会日渐动荡，湘商（尤其是中小工商业者）在桂林生计艰辛，客死桂林城也变成了常有之事。如何安置客死桂林的贫苦湘商，就成了商人群体无法回避的社会问题。《添置义地碑记》清楚记录了咸丰年间湘商在桂林的社会困境下，发挥互助精神，购置义地、安置同乡身后事的情况。

嘉道以后，随着商业交流的加深和经济的发展，选择在桂林城营商的湖南籍工商业者数量日益增多，其中又以中小工商业者居多，这一群体主要聚集在桂林城的北门附近。咸丰二年（1852），太平天国军围攻桂林城。此次围攻战役极为惨烈，不仅造成大量的人员伤亡，城内居民也深受其苦，生活陷入了困境。这一场战役造成了桂林地区社会经济水平的大幅度倒退。

在太平军围城之前，湖南会馆在东门外有铺屋一间，以铺租收入救助同乡，并作慈善之用。但太平天国军围城之后，城外的铺屋遭到严重损毁，无法正常收租。同时，由于战乱频繁，中小工商业者因生计奔波，身处异乡，面临多重困境，导致客死桂林城的情况不断发生。在此情况下，会馆的收入已不能维持正常的运作，无法为罹难的同乡提供安葬帮助。咸丰八年，由罗世杰等总理、会首发起捐助募捐，共筹得“银”“花银”148元，用以安葬这一时期客死桂林的贫困湘商。

在一般同类的碑刻中，常见的情况是会馆募捐购买地产、铺屋，以此铺租进行慈善活动。但这块碑所记录的情况完全不同。该碑并非永久性的土地投资，只是临时性的募捐。这一情况充分反映了太平天国之后社会动荡的情况。在社会经济尚未恢复的情况下，商人团体只能通过临时性的募捐解决贫困工商业者的安葬问题。

兹抄录部分碑文如下：

吾人由楚入粤已来，侨寓桂林省会者已实繁矣。生齿既殷，而老死者亦伙，且死无栖魂之所者更觉其多。前虽捐置两区为贫寒宅岁之计，并□东关外构屋一所，为收息添置之资，意诚美矣。无如历有多年，其地既无罅隙之余，而屋又遭兵燹之劫，客死他乡，葬身无地，谊关桑梓，能无痛乎？爰约同人醵金添置一地于北关外，则使贫不能葬者斯妥灵，皆□所赖焉。自兹以往，游

咸丰八年《添置义地碑记》

于粤者虽有背井离乡之感，殁于粤者断无露胔暴骨之虞矣，岂不美哉！

此外，该碑捐助货币的单位，是需要读者注意的另一问题。在该碑的捐助名列中，共出现了两种货币形式："银""花银"。如果仅从货币的金属性质去理解，两种均为白银，但"花银"指的是纯色较高的银元，"银"指的是成色一般的银元。同时，捐款的计算单位为元，而非两。这一情况说明，桂林城的货币流通情况极为复杂，在市场上有不同种类的银元。

在捐助者的名列中，还有几处地方需要读者稍加注意。捐款名列中多为某一商号或商人，但"邵邑篓行"是其中唯一的例外，是唯一一个参与捐助的行会。这一情况提示我们，该碑处理的对象，可能主要是从事竹篓业的手工业者。竹篓业是清代桂林地区重要的行业，主要从业者来自邵阳县。该行业因利润微薄，缺乏稳定的收入来源，故从事竹篓业的商贩最容易出现客死他乡但又无法得到安葬的情况。此外，捐助名列中又出现了"衡郡大木杞"的字样，说明捐助者中又有来自衡阳的商户。

因此，咸丰八年《添置义地碑记》是学界研究咸丰年间桂林城遭受兵乱之后，中下层工商业者互助情况的重要碑刻文献。同时，该通碑刻也让我们充分了解到清末湖南商人组织运作的基本情况。

备灯迎神
——咸丰九年《置备灯彩碑》解读

咸丰二年（1852），太平天国军队围桂林城，对社会经济造成了严重的破坏。咸丰八年（1858），随着局势的相对稳定和战争的逐渐平息，桂林地区的社会经济开始呈现缓慢恢复和发展的态势。不同商人团体亦开始通过慈善、祭祀等活动重建地方商业秩序，逐渐恢复贸易活动。该碑刻立于咸丰九年（1859），反映了桂林城的湖南商人在这一时期筹备湖南会馆，备置灯彩、迎神赛会以重新开馆的相关情况，现存于桂林市七星公园南门内的碑廊处。该碑原无题名，为读者阅读方便，笔者加题为《置备灯彩碑》。

灯彩是中国传统文化中富有特色的艺术形式，尤其在各类会馆中，灯彩不仅增添了节日氛围，还承载着深厚的文化内涵。咸丰九年，湖南会馆修葺完毕后，商人们开始置备灯彩，筹备迎神赛会，“解囊乐输，不遗余力”。由此可见，湖南商人对迎神赛会非常重视，他们希望通过这些准备，在濂溪夫子诞重新开馆并传承这一传统文化活动。

迎神赛会是一种集宗教信仰、民俗、娱乐于一体的传统活动，具有深厚的历史和文化内涵。迎神赛会起源甚早，早期形式较为简单，主要是祭祀神灵以祈求平安和丰收。随着历史的发展，迎神赛会逐渐演变为内容丰富、形式多样的活动，包括歌舞、杂技表演等，成为民众娱乐和社交的重要形式。在迎神赛会期间，人们会精心准备供品，搭建彩棚，邀请亲朋好友共同参与，营造出浓厚的节日氛围。在传统社会中，商业往往与宗教活动互嵌。如果脱离了宗教信仰，我们便无法全面理解商人活动及商业机制。

在碑文中的捐助名列中，出现了大量带有“祀”字的商业组织，如“清邑祀”“常邑麻布祀”。清邑指衡阳县，常邑指常宁县。如上文所提，商业与民间宗教有着密切的关系，故“祀”往往会被用于商业组织的名称之中，其本质上与“堂”“会”一样，是商人群体为达成某种目的成立的地缘团体或合伙公司。“清邑祀”指的就是衡阳商人团体，“常邑麻布祀”则指常宁麻布商人团体，这些组织实际上就是行会组织。

从碑中可知，参与此事的湖南商人主要来自长沙、衡州、永州三府。其中整体实力最强的为衡州府商人，其捐助人数及总额为三府之最。但资本最雄厚的商人为长沙府的郭世基，捐银二十七两五钱正。而捐助最多的为宝善祀，共捐银四十九两四钱正。因材料的散佚，我们无法得知宝善祀的具体情况。但其排在捐助名列的最后，有两种可能：一是加刻上去，二是宝善祀地位最为特别，故单独列出。作为晚清桂林城湖南会馆内部最大的商业组织，宝善祀是我们研究清代湘商的重要线索。另外，我们

● 咸丰九年《备置灯彩碑记》

还可以从捐助名列中了解到来自不同州府的商人所从事的贸易并不相同，不同的行会归属于不同的州府。衡州府商人的行业有麻布、木材；永州府商人的行业杂有竹篓业、皮箱行。

值得注意的是，在湖南会馆重修中，并未见有官员的参与。在清代，湖南商人与桂林城官员的来往一直极为密切。因此，这一情况说明，置备灯彩一事为商人内部事宜，官员并不参与。官员与商人之间仍保持着若即若离的关系。

现在因桂林湖南会馆已经拆毁，我们无法了解到湖南会馆的更多信息。但从碑文可以得知，湖南会馆在太平天国运动过程中遭到破坏，许多活动也被迫停止。战后，湖南商人重新修葺了会馆，此举蕴含着对故土的深深眷恋与敬仰。他们立祠堂于里党，建会馆于他乡，表达了水源木本、敬梓恭桑的深厚情感。在他们观念中，只有庙貌庄严，陈设华美，才能妥善安置神灵，使人肃然起敬。此次湖南商人置备灯彩的活动，充分展现了其独特的商业文化，这种文化观念不仅表现在他们的日常商业行为中，还深深植根于他们的信仰体系里。

两龙不认顺
——宣统三年《两龙儒金堂碑记》解读

在清代，大量的广东商人到广西从事经营贸易活动。这些商人主要来自珠江三角洲广州府的顺德、南海、番禺、新会等县。一般认为，在桂营商的粤商，有着极强的群体观念，其齐聚于粤东会馆之内，组成地缘性的商业组织。但实际上，粤商的内部仍有着高度的分化，不同的县份亦有自己的团体组织。同时，其承担的功能也不仅限于商业范围之内。

《两龙儒金堂碑记》刻立于宣统三年（1911），现存于百色粤东会馆内，是体现清末粤商内部群体活动的碑刻文献。该碑刻立时，清王朝行将覆灭。在时局纷乱的背景下，在百色城营商的顺德商人遂联合起来，将原有的儒林、金紫二堂合并为儒金堂。

碑文中关于儒金堂情况的记述如下：

前者我两龙先乡友经营于百色，彼此组织社、会，以为祀典之资，团叙乡情之费。龙江名曰儒林，龙山名曰金紫，名须异而实合办也。初以迄今，历有百余年矣。究其前管多事，弊病冲突，屡见经理者多，故部据遗失，诚违前先辈组织之苦心，图谋公益之美意也。今当爰集乡友同人，磋商维持，研究更始。佥曰愿我两龙之儒林、金紫合而为一，订定名曰儒金堂。自合之后，亲益见亲，永不复分。彼此共保公产，同祀叙福，以垂久远！

在碑文中，我们首先要注意到“两龙儒金”的定义。两龙指广州府顺德县的龙江、龙山二堡。有清一代，龙山、龙江的实力在顺德商人中最为雄厚。在珠江—西江流域，一直流传着“两龙不认顺”的说法。龙江、龙山二堂以“儒林”“金紫”为名，又与其乡有密切关系。龙江在归入顺德县管辖之前，属南海县儒林乡管辖，故其以“儒林堂”命名。而“金紫堂”之名则出自于龙山当地的金紫山。据《（咸丰）顺德县志》记载：“金紫山，在城西北五十八里，天湖之西，高可二十丈。”该碑的最大价值在于揭示了龙江、龙山商人的组织是以原籍地的乡堡命名，而非以顺德命名。一般而言，地缘组织细分程度越高，越说明该商帮规模的庞大及实力的雄厚。

根据该碑内容，儒金堂重点处置的问题是儒林、金紫二堂合并之后“尝产”如何管理、使用。在传统社会中，“尝产”即某一血缘及地缘组织的公共财产，其一般存在的形式为田产或铺屋。因此，“尝产”主要用于支付堂会的日常开支。碑文最后所列的店铺即为该堂的尝产。两龙儒金堂共有五间店铺，其规模并不算大。此外，在百色粤东会馆的历次重修碑文中，儒林、金紫堂的捐助排名均不靠前。这一情况也从侧面说明，百色粤东会馆内部堂会众多，儒金堂并非势力最雄厚的堂会。正因如此，两堂才会在宣统末年合并，以联合的方式应对晚清纷乱的政局。

关于尝产的开支，我们可以重点关注碑文的第二条与第四条。第二条写道："一议递年租项分为十成，以六成为祀典叙福，以一成协助顺德凤仪堂之超冥会，以一成协助南宁顺德书院，系助两处拜扫收理先友坟墓之费，递年照送以赀寔用，以二成为公积以便修理产业之须。若存款常有百两外，不必再积，以免流弊。"此条说明儒金堂的收入主要用于宗教祭祀活动。其中六成用于二龙商人的"祀典叙福"。一成用于资助在顺德的凤仪堂超冥会。此条可知有不少顺德商人在百色地区客死他乡。在外经商的顺德商人在顺德创建的凤仪堂，专门负责本乡商人在外事务，而其下设的超冥会则负责超度客死他乡的商人亡灵。凤仪堂超冥会关于超度客死百色的顺德商人的开支，由儒金堂负责。"一成协助南宁顺德书院，系助两处拜扫收理先友坟墓之费"，则知儒金堂与南宁顺德书院之间的密切关系。南宁顺德书院亦有"拜扫坟墓"的开支，由桂西地区的各顺德堂会共同出资承担。通过词条内容我们可以了解到，两龙儒金堂最重要的事务为处理客死百色的顺德商人的身后事。

第四条写道："一议我乡友遗殖于此不少。拟分年营运骨殖回乡，自必彼此通函，切寔起运预备运费。"此条进一步说明儒金堂的重要职责是将客死百色的两龙商人的骨殖运回龙江、龙山，运送过程所产生的费用亦由堂会尝产收益支付。

关于百色儒金堂与南宁、广州及顺德本乡的关系，我们可以

宣统三年《两龙儒金堂碑记》

关注碑文第五条："一议本堂新订规则，以资办公而经久远，合当造具规则四本，一本存省馆，一本存凤仪堂，一本存南宁顺德书院，一本存本堂。"在明清时期，堂会的账本会分存于不同地点的分支机构，到年终或特定时期再将不同地点的账本汇合对账。同样，堂会的规章制度亦会分存于分支地点，以免争执。儒金堂的尝产造册后，分存于广州城的省馆、顺德县的凤仪堂、南宁的顺德书院及百色的粤东会馆。由此说明，百色与南宁、广州、顺德之间存在着极为密切的贸易网络，龙山、龙江商人分别在上述地点开设书院或堂馆，处理四地贸易网络的事务。

因此，《两龙儒金堂碑记》是研读者理解清代商人内部组织形态及身后事宜的重要碑刻文献。

同乡结会

桂林城的木匠
——道光四年《新建碑记》解读

在传统时期，行业关系是地方社会中最为重要的社会关系之一。这些同行业者，往往会结成行会组织。在行会组织内部，成员之间要相互帮助并禁止恶性竞争，对外则与其他团队甚至官府博弈、对抗，以维护自身的利益。同行业者通过神明信仰结会，不同的行业会有各自的祭祀神明，如木工行业的祖师爷为鲁班，药材行业的祖师爷为孙思邈等。同时，这些行会组织又有着强烈地缘色彩，其大多来自同一地方。总体而言，客居他乡的从业者创建行会的动机普遍较为强烈。《新建碑记》记录了嘉道年间在桂林城的湘籍木匠的组织形态及生活状况。该碑刻立于道光四年（1824），现存于桂林市七星公园南门内碑廊处。

清代的桂林城不仅是广西的政治、文化中心，也是桂北地区的经济中心。特殊的政治地位，使得桂林在广西地区具有举足轻重的地位。此外，作为桂北地区的经济中心，桂林又是连接湖南与广西的贸易枢纽。也正因如此，吸引了大量的湖南手工业者到此谋生。

在桂林从事木器行业的湖南籍手工业者，主要以“制作冠盖”为生，即从事车上遮阳避雨之物的生产。碑文不仅强调生计的需求，还凸显了湘籍木匠对技艺传承的重视。碑文中所提及的鲁公先师即鲁班。鲁班名公输般，被尊称为“巧圣先师”，为工匠的祖师。鲁班生活在春秋末期到战国初期的鲁国。他出身于木匠世家，自幼对木工充满兴趣，很早就跟随家人参与木工劳动。15岁时，他已掌握父辈的木工技艺，并能融会贯通，进行创新。相传他能造出木鸢飞行，还造出攻城云梯及其他九种攻城的大型器具，以及其他精巧器物。他的名声流传已有上千年，至今仍为人所推崇。

关于湖南手工业者入桂的最早时间，史料并无确切记载。桂林地区因其地理位置和气候条件，雨水相对充沛，雨具因此是日常生活的必备之物。因此，从碑文记载可以知道，桂林的雨具文化深受湖南文化的影响。湖南手工业者入桂之初，有不少是以制作雨具为生计。

同时，碑文的捐助情况反映了其经济实力并不充裕。从学界搜集、整理的现状看，广西地区的碑刻文献关于富商大贾的记载甚为丰富，但关于古代手工业者的碑刻文献并不多见。这也更反映出该碑重要的学术价值。

嘉庆初年，桂林城的木器手工业者有广西、湖南两个群体。两者之间共同建有行会，但关系并不算密切。行会也没有自己的庙宇，会员也只是“随便各出银钱生息”，以维持行会的运作。至嘉庆十七年（1812），随着社会经济水平的提高，木器行业有了较大的发展，广西、湖南两个手工业者群体开始组建联盟，并在北门内购置土地兴建鲁公庙。此次兴建的费用包括两个方面：购置土地共用银八十五两，建造费用为二百二十五两。桂林城商业最为繁华的地带为南门。木器行在北门兴建鲁公庙，一方面固然说明其经济实力较弱，但同时也反映了木器手工业者主要聚居于北门附近。

此次鲁公庙兴建的时间较长，共历时十二年之久，故碑刻的最后刻录了嘉庆九年（1804）、嘉庆二十二年（1817）及道光四年等三个年份。这三个年份是桂林城木器行会发展的三个重要时间节点。嘉庆九年为木器行成立的时间，也就是湘、桂手工业者结盟的时间。嘉庆二十二年是鲁公庙的第二次募捐的年份。因嘉庆十七年第一次捐助的款额不足，故有了嘉庆二十二年的募捐。经过了两次募捐，行会才凑足了兴建经费，鲁公庙也得以在道光四年落成。

兹抄录部分碑文如下：

今我行前辈由楚来粤，前传后度，学效制作雨具，生理虽云微末，器具实难可缺。于嘉庆甲子九年内，楚粤联成一契，议定行规条款，随便各出银钱生息。于壬申十七年内，公议□买北门城内大街张□房□基地一块，出备价银八十五两正，建造鲁公殿宇一座，并装塑神像，计用银两二百二十五两。岂料功成浩大，莫知金资微少，致未斛功。于丁丑二十二年内，乐善纠首全义利、黄永兴、莫裕合、曹正发等，同心感叹，协力议捐。本行各铺店师付好义□从，直心踊跃。蒙各店又复重捐银一百三十七两

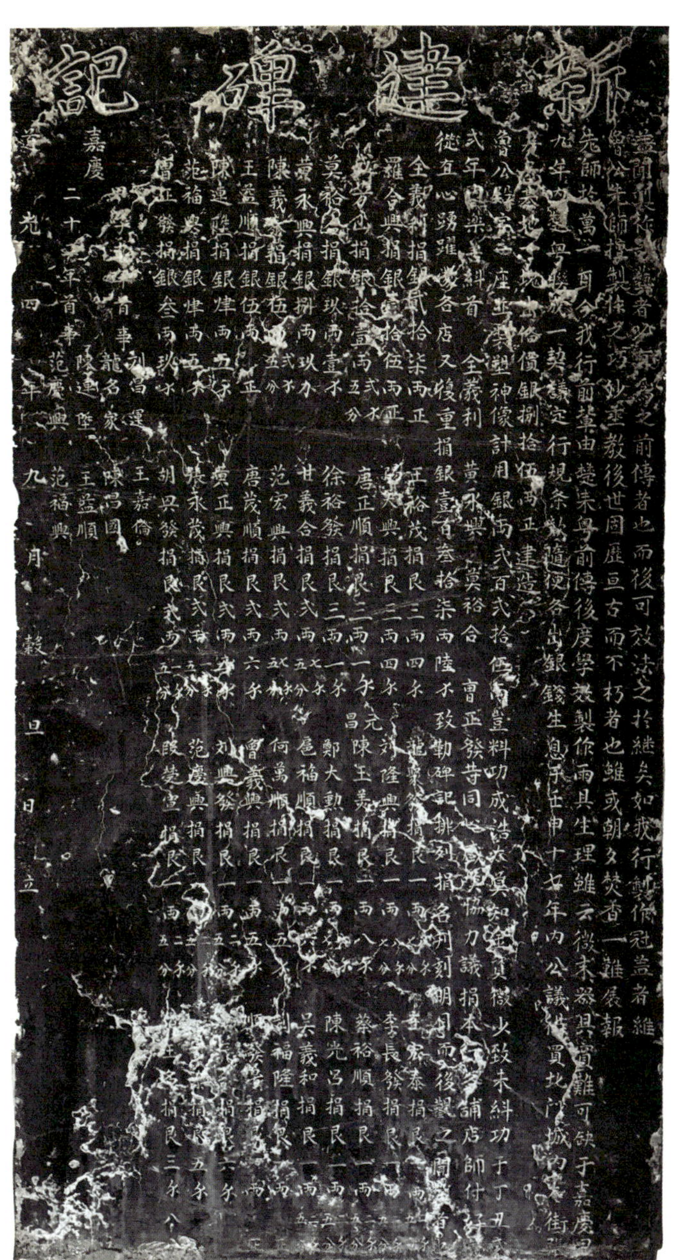

道光四年《新建碑记》

六钱，致勒碑记，排列捐名，刊刻明目而后观之闻□者也。

碑文中提到的“楚粤联成一契”，指的是湖南（楚）和广西（粤）两地的手工业者们联合起来，达成了一项协议或契约。“议定行规条款”则是说他们共同商定了行业的规则或条款。行会没有自己的庙宇，会员也只是“随便各出银钱生息”，意味着参与者各自出资，用于共同的事业或投资，以期望获得回报或利息，维持行会的运作。

碑刻的撰文者将三次时间及当年的值事刻于其上，清楚记录了资金的流转、使用情况。买地建造用的第一笔钱由嘉庆九年生息银生息所得，第二笔钱为全义利、黄永兴、莫裕合、曹正发等商号协力议捐筹得。因此，该碑实际上是鲁公庙兴建的账目。行会将兴建的过程及账目刻于碑上，旨在向内部成员清楚说明经费使用情况。

此外，在捐助名列中，共出现了四十个商号的名字。这四十个商号应为道光时期桂林城木器行所有店铺的名单。其中，具有较大影响力的商家为：全义利、罗合兴、□芳山、莫裕合、黄永兴、陈义泰、王益顺、陈连升、范福兴、曹正发。但这些商铺并未出现在湖南会馆其他碑刻的捐助名列之中。这一情况从侧面反映了木器行业的社会地位较为低下，在其他公共事务中参与度较低。

乡朋置铺
——道光十年《东泉财神会碑记》解读

在传统社会中，在外经商的同籍商人多通过创建会馆，以地缘的方式构建社会关系，借此解决营商过程中的各种问题。但这一情况并非绝对，许多规模不大的同乡团体并不具备创建会馆的实力。在这一背景下，许多小规模的同乡团体往往会采用合资购置铺产的方式，以铺租收入作为年度仪式及其他日常的开支。《东泉财神会碑记》就是反映清代中后期在桂林城的湖南商人共同购置铺产的碑记。

《东泉财神会碑记》现存于桂林市七星公园西门内，为东泉财神会购置铺产的碑刻。该契约刻于道光十年（1830）。东泉财神会为清代湖南祁阳县东泉乡的商人组织，故商会以东泉命名。祁阳现为县级市，位于湖南南部，为永州市代管。永州市东达郴州市，东南接广东清远，西南连广西贺州市，西连广西桂林市，为三省交界之区。在清代，大量湖南商人经湘江抵达桂林地区从事贸易经营及手工业活动。同时，因为该会性质为商人组织，故不难理解其以财神作为祭祀主神。财神是中国民间传说中主管财源的神明，且并非指单个神祇，而是一个庞大的财神家族，其中被较为广泛接受的是“五路财神”：东路财神比干、南路财神柴荣、西路财神关公、北路财神赵公明和中路财神王亥。东泉财神会祭祀的就是北路财神赵公明。

相传赵公明法力高强、掌管财富细节、乐善好施，被尊为“第一财神”和“武财神”，其形象在历史文献中经历了多次转变，最初，在晋代干宝的《搜神记》中，以“鬼将”形象出现，督率鬼兵、下界取人性命。此后，在早期道教文献中，其又以“瘟鬼”“鬼帅”的形象出现，负有降下疾病、取人性命的职责。然而，随着时间的推移，赵公明的形象逐渐发生了转变。在宋元时期，他逐渐从瘟神、恶神转变为财神，成为道教所信奉的重要神祇，负有招财进宝、公平买卖的职能。

碑文中的东泉财神会创建于嘉庆丁丑年（1817）。在创设之初，财神会共有24位股东。每位股东捐银一两五钱，合计三十六两整。从捐资的额度不难判断，财神会的实力并不雄厚。嘉道年间，在桂林城最有实力的商人为赣商，其主导了桂北地区的商业贸易。湖南商人的实力较为弱小，东泉商人为中小工商业者，其经营规模也不大。碑文列明了东泉会成立之初的名单，包括了罗兴燕等二十四个商户。这二十四个商户就是道光年间桂林城一带所有的东泉商人。契约列清商户名单，实际上是确认哪些商户在东泉会中有“份”，以确认共同购置铺产的受益人名单。

罗兴燕等二十四个商户合股后，再与湖广会馆湘山会联合购买雷祖庙安家码头的一块地基，以此作为联合经营的产业。湘山

道光十年《东泉财神会碑记》

会即指来自湖南湘阴县商人的组织。东泉会与湘山会均属于湖广会馆。湖广会馆是一个较为松散的地缘商人组织，下面包括类似东泉、湘山的地缘团体。碑文使用了“朋买”一词，说明东泉会与湘山会同属湖广会馆，东泉商人与湘阴商人共同拥有购置铺产的产权。

从碑文的结构看，该碑有两大功能。首先，其处理了东泉会的内部关系。如关于该铺产的开支与收益，契约中注明“每年收租均分”“修饰会上铺房公用均占”等条款。其次，该碑最后一句为“此碑契地基于同治十三年八月二十五日，东泉、湘山二会人等公同商议卖断，与唐邦俊永远管业”，说明该铺产已于同治十三年（1874）卖给了唐邦俊。但该铺产卖出之后，唐邦俊并没有移除该碑，而是在原铺产碑后加上出售的字句，旨在清楚说明该铺产产权的转移，以免日后产生纠纷。因此，该碑实际上是处理东泉会内部及东泉会与唐邦俊两个层面的关系，并不包括东泉会与湘山会的关系。

《东泉财神会碑记》在一定程度上反映了嘉道年间桂林地区经济发展的水平。东泉会在嘉庆年间成立之初，共筹得资金三十六两。经过十三年经营和积累，至道光十年，已积累了二百一十两，可以支付买地、建造的费用。在不包括平时年终分红及其他开支的前提下，东泉会共产的年收益率达到14.5%。这一财富的增长率充分说明了清代嘉道年间桂林地区经济发展速度之快。在同治十三年，东泉会将铺产出售，极有可能是咸丰年间太平天国运动对桂林地区社会经济的破坏所致。在经济遭受破坏的背景下，东泉会的中小工商业者生存日益艰难，故不得不变卖铺产。东泉财神会在清代中后期的兴败，不仅是商业文化发展的见证，也是民间信仰变迁的缩影。

祭濂溪，祀先人
——道光十五年《濂溪会碑记》解读

周敦颐，字茂叔，号濂溪，世称濂溪先生，道州营道楼田保（今属湖南省道县）人。周敦颐为北宋时期的著名理学家，被誉为宋朝儒家理学思想的开山鼻祖。与邵雍、张载、程颢、程颐并称北宋五子。在学术上，他提出了无极、太极、阴阳、五行、动静、主静、至诚、无欲、顺化等理学基本概念，为后世理学家所反复讨论和发挥。周敦颐著有《爱莲说》《太极图说》等作品，其中《爱莲说》被誉为“文以载道”的典范。因其卓越的学术成就，明清时期在外为官、经商的湖南籍官员及绅商在创建湖南会馆时，多以其为奉祀对象，联聚乡情。北宋庆历年间，周敦颐曾寓居广西，故其又为在桂的湘商所祭祀。道光十五年（1835）《濂溪会碑记》记载的就是在桂林城的湖南籍官员、幕僚及绅商以周敦颐为符号重建湖南会馆的情况。该碑现存于桂林市七星公园南门内碑廊处。

湖南会馆原为濂溪书院，创建于乾隆四十七年（1782）。濂溪书院一方面为湘商子弟提供教育，另一方面则为湖南官商联聚乡情之所。此后，随着经济的不断发展，湖南商人的规模不断壮大。嘉庆三年（1798），经廖百奎、颜永洲等湘商倡议集资，濂溪书院扩建为湖南会馆。创设之后的会馆，实际上由许多不同的会组成，但濂溪会是其中最为重要的组织。同时，濂溪会的功能发生了重要变化，其更强调对先人的祭祀。在会馆内设有濂溪庙。濂溪庙以周敦颐为主祀神明，两边则放设延生牌位。西边为官宦、幕僚的牌位，东边为商人牌位。因此，濂溪会并非原来濂溪书院的延续，其主要为在桂林城的湘籍官商祈福联叙之地。这一情况说明乾嘉年间，在桂林城的湖南籍官幕、商人群体非常庞大。同时，牌位的放置对身份更有严格的要求，娼妓、衙役的牌位均不能进入濂溪会供奉。濂溪会成员主要由湖南籍上层社会的成员构成。

濂溪会有特定的仪式。在每年农历六月初七濂溪夫子诞辰，会员一同到会祭祀庆祝，外人不得入内。因此，濂溪会具有强烈的排外性质。濂溪会每年祭祀所用的经费，最初主要由官府和幕僚捐助。至道光年间，嘉庆时期捐积的银两所剩无几，所以濂溪会的官商决定重新募捐。该次募捐筹得白银三百余两。随后，濂溪会用其中的294两在桂林城北门购置铺屋，剩余的用以放贷生息。积累的铺租及生息银有两大用途：一是用于每年一度的濂溪夫子诞，二是用于购置新的产业。此为道光十五年《濂溪会碑记》刻立的重要背景。

在《濂溪会碑记》的捐助名列中，其排名先后并非以捐助额的多少为原则，而是以先官后商、官品大小为顺序。碑刻中所列

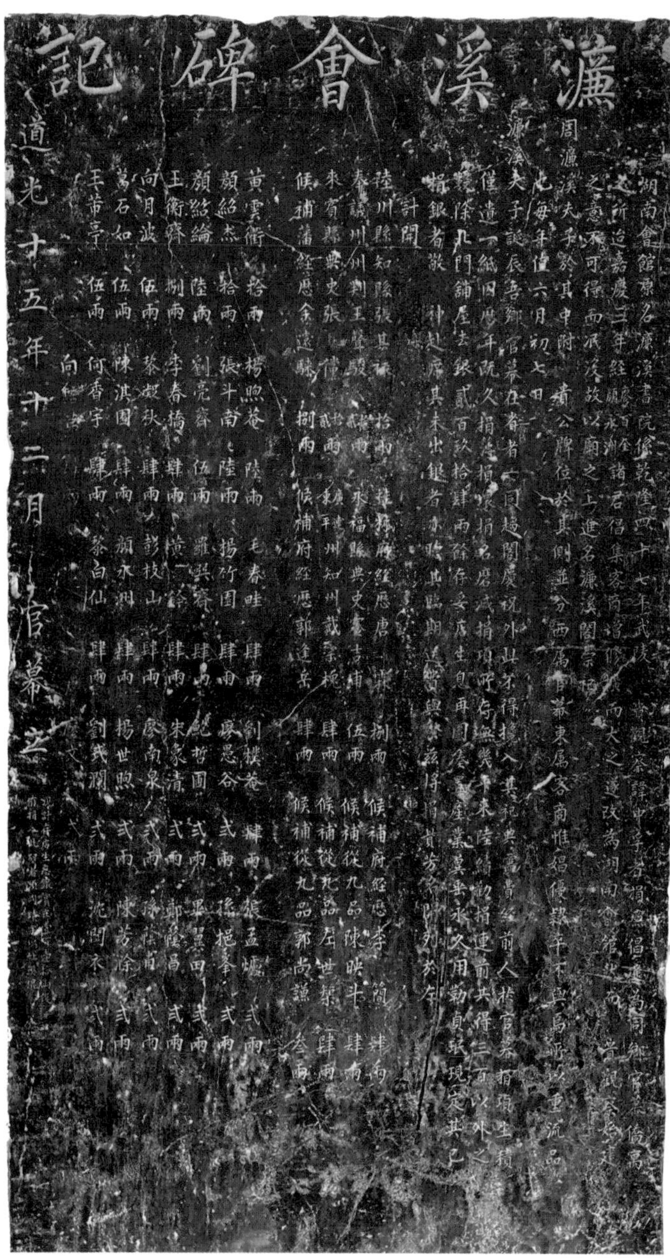

道光十五年《濂溪会碑记》

的若干人为在广西或者邻近广西州县任职的官员。参与捐助的官员，其家族在桂林城多有商业活动，故会积极捐助，以为家族谋取利益。在碑文的最后，刻有一句小字：“现计存店生息银实在一百一十两，后有捐入此碑者，须别续字，以杜弊混。”说明濂溪会在购置北门铺屋之前，并无专门的房产、地产用以出租。其每年的收入主要来自于生息银的利息。如果按照月息二分估算，其一年的收入应为14.2两。此项收入大体为濂溪会每年的开支费用。同时，后来入会者所捐款额镌刻于最后。但从碑刻的字体判断来看，加刻的商人只有两到三位。这一情况说明，后来加入的商人并不多，濂溪会应是一个封闭程度较高的群体。碑刻中所出现的官商群体基本垄断了湖南与桂林城的贸易。最后，碑刻末端注明该碑为“官幕立”，亦从侧面说明了具有官员及幕僚身份的商人为湖南会馆的主导者。

总之，《濂溪会碑记》最大的研究价值，在于其揭示了清道光年间在桂林城为官及营商的湖南籍上层人士的基本情况。从碑文的叙述结构中不难判断，湖南商人与同籍官员结合的程度要强于广东及其他省籍的官商关系。

集贤管产
——光绪三十二年《新老集贤会》解读

赣商，又称江右商帮，是中国著名的商帮之一。明清时期，赣商是广西的重要商业力量，其不仅从事米、盐等商品的贸易，还在药材市场中极为活跃，对广西市场格局有着不可估量的影响。咸丰二年（1852）太平天国军围攻桂林之后，赣商遭受沉重打击，其所主导的贸易也逐步走向衰落。赣商的地位也由此逐步被湖南商人所取代。《新老集贤会》反映了晚清赣商没落后，如何通过加强公产的管理以维系团体关系的情况。

《新老集贤会》刻立于光绪三十二年（1906），现存于桂林市七星公园南门内的碑廊处。集贤会为吉安商人的组织。清代，在广西的赣商内部分支众多，而吉安商人是其中实力最强的。吉安商人原有庐陵会馆，地处东门之外。庐陵即今赣中一带的吉安地域。该碑所说的庐陵即指江西吉安。庐陵会馆创建于雍正年间，后遭兵燹破坏。乾隆年间，众商再捐输重修。在太平军围攻桂林城之前，庐陵会馆规模相当雄伟，“殿宇辉煌，楼阁耸峙，画梁雕栋，飞碧流丹”。会馆的规模充分说明了吉安商人的实力。在清代，吉安商人在桂林主要从事贩运食盐，资本实力极为雄厚。吉安商人不仅修建了庐陵会馆，还创设了万寿宫。万寿宫的地址亦在桂林城的东廓。道光年间，赣商失去了对府江临全盐埠的控制，其商业势力迅速走向衰落。咸丰初年太平军围攻桂林城，更令赣商的商业活动雪上加霜。在太平军围攻桂林期间，官府为了防止万寿宫为太平军所据，下令将万寿宫、庐陵会馆焚烧，故上述两个建筑现已无存。

在咸丰年间的动荡时期里，庐陵会馆不断出现会产被盗卖的情况。原来许多属于会馆名下的铺产物业，被内部的不法之徒盗卖，以致会产大量减少。这一情况也是吉安商帮及庐陵会馆走向衰落的另一重要原因。碑文中清楚说明，“恐将来有不肖子孙断神圣之香烟，废前代之德业，或当卖房产，或当押印契，外人不知，难免朦混”。此为集贤会在光绪末年重新清理铺产、订立公产的管理规定，刻立《新老集贤会》的背景。

碑文对相关情况的记载如下：

桂省东门外，旧有庐陵会馆，殿宇辉煌，楼阁耸峙，画梁雕栋，飞碧流丹，溪□□环，山林掩映。凡我同人，大可以壮观瞻、便会聚。此则先辈创之于前，而继起□固当兴之于后也。闻此会起自雍正年间，迭遭兵燹，遗泽难征。至乾隆□间，公同乐输，复修胜举，所有姓氏条规、蓄积产业，尚有可考。现每年敬神宴会共聚，一切经费，皆前人所置。城内街房三处，均有印契，租人居所，收租银以资按年动用，轮流接办，不得有亏空塌欠之弊。

在这里，我们需要对庐陵会馆与集贤会的关系稍作解释。庐陵会馆是吉安商人共聚桑梓情谊的场所，其铺产由集贤会管理。换言之，集贤会是庐陵会馆的会产管理及决策组织。在咸丰以后，吉安商人内部发生了较大的变动，许多旧有商人离开桂林，亦有新的商人加入，因吉安商人群体构成发生了较大的变动，故称为新老集贤会。

集贤会此次清理会产，对铺屋的管理办法作了详细的规定，“租人居所，收租银以资按年动用，轮流接办”。集贤会将铺屋出租，以租金收入维系组织的运作。而在账目的管理上，则是由各会首轮排值年管理。在碑刻中，集贤会清楚列明了三处铺产的具体坐落地点及购置时间。一般而言，会产的管理碑在处理类似相关问题时，不会清晰标注铺产的具体购置时间。《新老集贤会》碑的清楚标注，说明集贤会内部围绕着铺产问题可能出现了诸多纠纷。因此，铺产管理的重点在于“防内”，而非“防外”。

铺产的变动情况微妙地呈现了集贤会由盛转衰的情况。碑文中所列的三处铺产分别坐落于十字街与后库街，这两地均为商业繁荣之区，地理位置优越。最早的为乾隆四十五年（1780）购置、位于下十字街的铺产，这一情况说明集贤会的活动最早可追溯至乾隆四十五年，也代表了吉安商人团体原先拥有雄厚的资本实力。同时，十字街原为桂林官衙聚集之地，也从侧面反映出吉安商人与官府有着密切关系。

可以说，《新老集贤会》是我们理解清末赣商团体生活、管理会产的重要碑刻文献。

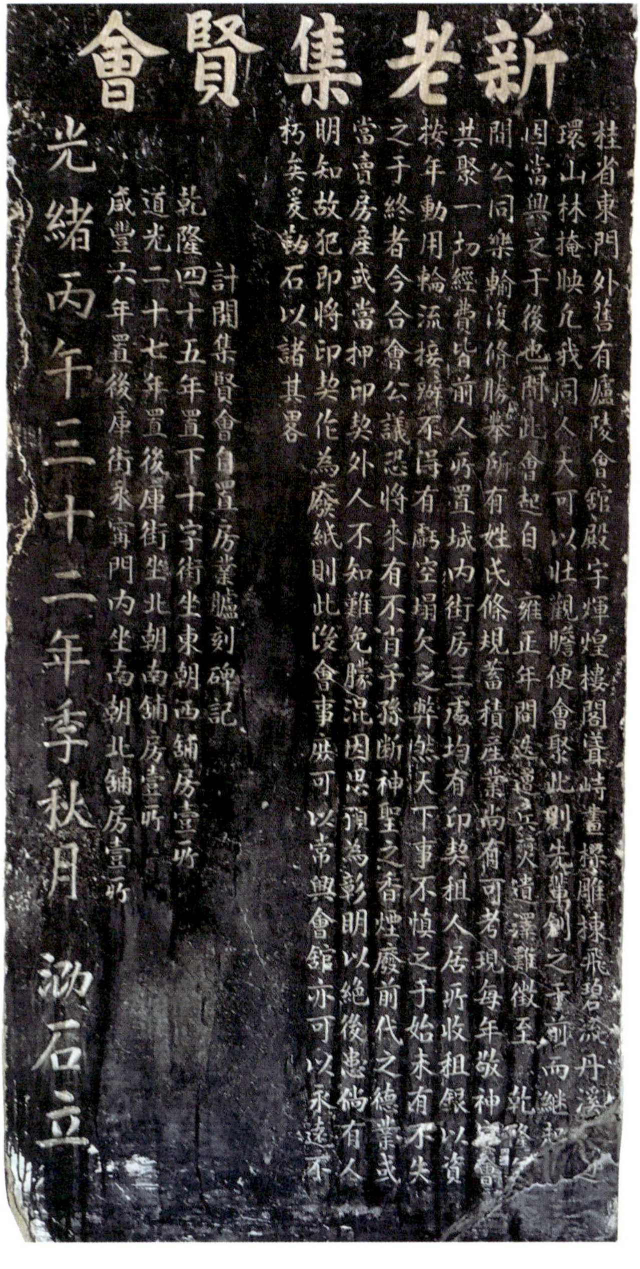

新老集賢會

桂省東門外舊有廬陵會館殿宇煇煌樓閣崇峙畫棟雕樑飛碧流丹溪[illegible]環山林掩映允我同人大可以壯觀瞻便會聚此則先輩創之于前而繼起因當興之于後也爾此會起自雍正年間迄遭兵燹遺澤難徵至乾隆[illegible]閤公同樂輸復倡勝舉所有姓氏條規蓄積產業尚有可考現每年敬神[illegible]會共聚一切經費皆前人所置城內街房三處均有印契租人居所收租銀以資按年動用輪流接辦不得有虧空塌欠之弊然天下事不慎之于始未有不失之于終者今合會公議恐將來有不肖子孫斷神聖之香煙廢前代之德業或當賣房產或當押印契外人不知難免朦混因思預為彰明以絕後患倘有人明知故犯即將印契作為廢紙則此後會事庶可以常興會館亦可以永遠不朽矣爰勒石以諸其畧

計開集賢會自置房業臚列碑記

乾隆四十五年置下十字街坐東朝西舖房壹所

道光二十七年置後庫街坐北朝南舖房壹所

咸豐六年置後庫街永寧門內坐南朝北舖房壹所

光緒丙午三十二年季秋月　泐石立

光绪三十二年《新老集贤会》

祠堂控产

军户创祠
——乾隆十四年《龙氏创建宗祠碑记》解读

在明代，王朝政府为确保统治秩序的稳定，在广西各地设置了大量军户。这些军户隶属军籍，世代为兵，社会地位较为低下。入清以后，许多前明军户为改变社会地位低下的局面，开始按照国家礼仪制度兴建祠堂、创设宗族。

该碑刻立于乾隆十四年（1749），现存于贺州市贺街镇的龙氏祠堂内。贺街在明清时期位于贺县的县城。原碑无碑首，为读者研读方便，取名《龙氏创建宗祠碑记》。

《龙氏创建宗祠碑记》反映了贺江流域军户在乾隆早期创设宗族的基本情况。该碑的主要内容分为族源与族规两大部分。我们不妨先看族源的部分。根据族源的叙述，贺县龙氏的先世为江西名族，一世祖为朝青公。朝青公是正科公的嫡子，正科公在"洪武朝封世袭广东封川千户"，后朝青公再迁徙至贺县。换言之，贺县龙氏并不避讳其一世祖的身份为军户，其移民路线为江西—封川—贺县，朝青公为贺县始迁祖。在龙氏祖先故事中，强调从江西庐陵迁至贺县。事实上，整个贺江流域的祖先故事大多追溯为江西移民故事，这一情况与西江流域的珠玑巷故事大不相同。

碑文对龙氏族源及创建宗族的过程记载如下：

龙氏一宗祖讳朝青公，明初游临贺地，遂相攸而家焉。公□先世为江西卢陵名族，即洪武朝封世袭广东□川千户讳正科公嫡子也。肇基桂岭，单传二世□讳升公，递三世祖乃分为四大房。本支蕃衍，遂□迁河东而居者，有迁南关者，立有龙家庄，有迁□坪者，而二世祖之墓在焉。邑城之南，先人曾立□以承宗祀。自明季倾圮，遂多历年所而致怨。□乾隆辛未，业之侄溥暨侄孙九爵、思智、皓乾者□捐资以兴修祠之议。会族人输分金，鸠诸工，经□拮据，阅壬申冬而祠始成。以十二月廿八奉先神主以归庙寝，而歌斯哭斯，从兹勿替。

在明代部分的叙述中，龙氏的谱系并不清楚。碑文只记述了其传至三世祖后分为四房。贺街龙氏即为四房中的一支。同时，该房支共有河东、南关、东坪三派，在明末时已在邑城之南创立宗祠，该祠又在明清鼎革时倾圮毁坏。至乾隆年间，龙九爵、龙思智、龙皓乾三人分别代表自己的派系捐资重新修建宗祠。由此可知，龙氏宗族的大体创立于明末，但其关系较为松散。在明末清初之际，龙氏的宗族关系名存实亡。至乾隆年间，河东、南关、东坪三派又重新创建宗族，结成联盟。

此外，东坪和河东二派尤为值得注意。东坪为二世祖坟墓所在地，而河东则位于县城。这一情况说明不同的派系分别掌握着不同的文化及政治资源，此为其合作的前提与基础。龙氏宗族在创设之初，宗族制度并不完备。与其他宗族不同的是，龙氏在创建宗族时并未设立蒸尝。由于没有族产的支撑，三派之间的联系并不紧密。龙氏宗族的发展成熟，是清中后期的事情。

在族规的部分，龙氏宗族的族规充分体现了敬宗收族的理念。《礼记·丧服小传》曰："尊祖故敬宗，敬宗所以尊祖、祢也。"龙氏宗族对入继的问题规定极为严格，规定族人无嗣，必须由本房或外房人入继。换言之，必须在本族范围内继嗣，以此维持宗族不被外姓人混杂。

因龙氏宗族此时处于创设的初期，没有固定的蒸尝，故族规并没有专门针对族产的经营与管理的规定。相反，其重点强调的是如何管理族人。龙氏宗族的管理方式主要是对违反族规者征收罚银，且数额巨大，如当祭不祭者，再犯即罚银五两。此外，考中科举者则可根据考取等级的不同获得价值不等的贺银。此条规定无疑凸显了龙氏创建宗族的目的在于发展科举。

在乾隆十四年的龙氏宗族建设中，最为重要的人物为十三世孙龙皓乾。龙皓乾在乾隆年间是贺县地区颇具声望的人物。龙皓乾于乾隆十三年（1748）中举，为贺县地区最早一批获取功名的乡绅。龙皓乾官至陕西部阳县知县，后再改发云南署陆凉宣威州知州。归乡后，龙皓乾积极讲学，热心宗族建设及乡里事务。如果对其中举的时间稍加留意，我们不难发现，龙皓乾在考取功名

乾隆十四年《龙氏创建宗祠碑记》

的第二年，就开始投身于宗族的建设之中。龙皓乾希望通过宗族建设推动更多族人考取功名，巩固龙氏在当地的地位。随后，龙皓乾还积极参与编撰《贺县志》，乾隆版的《贺县志》序文即由其亲笔撰写。该书虽已散佚，但该文仍保留于光绪及民国《贺县志》之中。龙皓乾撰写序言的事情，充分证明了龙皓乾及龙氏宗族在贺县地区的权势与地位。

建祠控产
——乾隆十五年《创祠碑记》解读

清乾隆年间，桂东贺州潇贺古道沿途的村落开始发生社会转型。许多村落大姓开始通过构建祖先故事、创建祠堂、设立蒸尝形成强大的乡村联盟。《创祠碑记》所反映的就是贺州桂岭地区于氏创设合族祠的情况。该碑刻立于乾隆十五年（1750），现存于贺州市桂岭镇善华村于氏宗祠内。

善华村位于潇贺古道旁，该路为连接湖南道县与广西贺县的重要商道。清初地方秩序平定以后，桂东北地区社会经济开始恢复发展，潇贺古道沿途村落的经济实力也因此变得雄厚，成为了当地社会权力秩序的主导者。这些地方豪强在崛起之后，开始借助国家礼仪传统重塑地方社会秩序。不同村落的豪强开始以姓氏为文化符号，通过祖先故事的重构与宗族创设结成乡村联盟关系。而宗族在创设的过程中，又必须以族产的设立与管理为基础。此为《创祠碑记》刻立的重要背景。

该碑如是记述于氏的族源及创建宗族的过程：

乃若我始祖，发源自浙江杭州府钱塘县。太祖大明中永乐辛丑科进士，擢巡抚河南、山西两省，以监察御史升兵部右侍郎，两省大□尚书。弘治元年，加赠光禄大夫、柱国太傅，谥肃愍。讳谦，字廷益。公讳冕，公官历府□。始祖讳春庆，乃后裔也，带子与孙宦游平邑，三世祖因以移贺邑，□居桂岭田尾村，择地立业。□五世祖讳万钰，基业扩立，于大明嘉靖年奏立平安里。笃生三子，六世祖也，皆名列黉宫，亦云大明间桂岭文运之始焉。自是箕裘继世，沿及高鲁，祖考□仲□衍。八世祖讳有见，连中大明广西乡试，己卯、壬午两科副榜，而得以观光上国，但有志两榜未仕。其间，策名泮宫者则不一，祖行著乡邦者亦多。先人庆其承先者，并庆其启后。迨□于今，派出一源，序列三房，已十有五世于兹矣。

该碑分为碑文、捐助名列及族规三部分。碑文主要叙述的是善华村于氏的源流。在碑文中，于姓村民认为其族源出浙江，于谦为其先祖。但关于于谦与始祖、始迁祖之间的关联，碑文则语焉不详。可见其追溯于谦为祖先更多是为了彰显宗族的历史与地位。而于氏真正能说清楚的谱系，是从春庆公开始。根据碑文介绍，于氏始祖春庆公先是在平乐府为官，至三世祖移居贺县桂岭田尾村，五世祖再奏请开立平安里。五世祖生三子，是为桂岭于氏三房之始。因此，桂岭于氏实为三个不同地方的房支联盟，其共同的祖先可追至五世祖，而六世祖则为各房支的始迁祖。碑文也写道“派出一源，序列三房，已十有五世于兹矣”。从碑文的记载中可知，三位六世祖皆“名列黉宫”，即已经到当地的学校读书，但仍没有取得功名。桂岭于氏将三位六世祖视为“桂岭文运之始”，从侧面反映了于氏在桂岭地区的领导地位开始于这一时期。

桂岭于氏对科举制度的强调，与清初潇贺古道一带各村落对田产的激烈争夺有着密切关系。在这一时期里，潇贺古道地区不同的乡村围绕着田产、水源等问题展开了社会竞争，而社会竞争的结果就是宗祠文化的发展。不同的村落均希望本族人在科举考试中获得功名，以此提高本村落的区域地位。

在捐助名列中，并没有出现考取功名的于氏族人。其中捐助数额较大的几个族人，如于振纪（十一两一钱）、于九象（五两）、于常健（五两）均没有考取功名。这一情况说明，于氏内部已经出现了一些颇具经济实力的豪强，但这些豪强均没有功名。因此，他们需要通过宗族的创建，完成从地方豪强到乡绅的转变。

于氏在创设宗族之初，经济规模并不算强大。因此，其在第一条族规中规定，每个家庭如有添丁，应向宗祠入银五钱，以作祭祀之用。相比而言，若经济实力较强的宗族，则为向新添男丁发放银钱。第二、三、四条，是族规中最为重要的内容，即关于族产的明细及收入管理。根据碑文，于氏宗族共有鹭鸶塘、石头

乾隆十五年《创祠碑记》

塘、马头鱼□及揔岭四处田（塘）产。此四处田（塘）产并非宗族创建后共同购买，而是原属于三房名下的族产。创建宗族之后，三房将各自的族产捐出，由宗祠共同管理。而第三条所列的马头宿田产，则已毁于洪灾之中，当时已无法耕种。撰文者将其列入，应该为某一房捐出的废田。若该废弃田产重新开垦，则列入族产的范围。最后，族产的收入由三房轮值管理，如果族产发生变化，则必须要刻凿于碑刻之上。此外，族规对于族人有着非常严格的管理，一方面，奖励考中科举的族人，另一方面，则严惩各种违法乱族之事，如沦为娼妓、衙役，都要逐出宗族。

总而言之，在清初桂岭地区社会经济竞争激烈的背景下，于氏开始创建宗族。而宗族创设的关键，则在于族产的经营与管理。

粤商联创合族祠

——道光十五年《鼎建祠堂碑记》解读

众所周知，在清代，随着商贸的繁荣，大量的广东商人前往广西营商贸易。他们为了联聚桑梓之情，大多会选择兴建会馆的方式。这些会馆不仅是广东商人在广西集会、议事、洽谈生意的场所，更是他们调解纠纷、供奉故土神灵的场所，他们通过地缘的方式构建商业网络。除会馆外，在广西的粤商，还通过创建合族祠并依托血缘关系来加强彼此之间的联系和合作，不过这种情况则并不多见。道光十五年（1835）的《鼎建祠堂碑记》正是反映此种情况的珍稀碑刻文献。

该碑刻立于道光十五年，至今已有近200年历史。2024年3月3日，此碑被在南宁市北宁街上的3间直管瓦房中进行旧房清理的工人发现，其镶嵌在房屋墙壁上，同时发现的有3块石碑。《鼎建祠堂碑记》为其中一块。碑文为笔者于2024年3月在南宁市兴宁区北宁路民居内所得。《鼎建祠堂碑记》高约1米、宽约0.7米、厚约0.1米，字体清晰可见。

《鼎建祠堂碑记》记录了在南宁营商的广东新会甘姓商人创

建宗祠的过程。根据碑文的记载，甘氏宗族中最早到南宁贸易营生的是家勉公，他于雍正初年从广东新会迁至南宁，并在南宁定居。家勉公去世后，安葬于杨梅岭，至道光年间其家族已延续五世。因家勉公来邕的时间最早，故其被奉为在邕甘氏的始迁祖。至乾隆壬辰年（1772），甘廷允的曾伯祖绪乾公为团结族人，开始联合本支族人题签捐助，共筹得钱十余千，以作扫墓之用。至嘉庆辛酉年（1801），曾叔祖绪倚公与甘廷允再捐三十余两，购置瓦屋一间，以租金作为祭祀之用。嘉庆年间的捐助，使甘氏宗族拥有了蒸尝，具备了一定的经济基础。再至道光六年（1826），家勉公支的甘常来、甘常衍与甘廷允合议，联合所有在南宁的甘姓粤商兴建甘氏宗祠。此次倡议得到了甘姓粤商的大力支持，在邕甘姓宗祠亦因此得以建立。在创设宗祠的过程中，共筹得族人捐款一百六十余两，其中一百两用以买地，六十余两用于建造祠堂及厨房的开支。此为甘氏宗族创设的过程。

关于该过程，碑文记载如下：

我其□本东粤广州郡新邑人也，自高伯祖家勉公于雍正初始贸易来邕，遂家于邕，殁葬杨梅岭，迄今五世，已无异土著矣。当时族中同来贸，□服内外均有人，然或归或不归，往来无定。其与廷允曾祖绪荣公家于邕者亦有数家，各营生理不能相□。壬辰，曾伯祖绪乾公慨髦老之凋谢，悯同族之流离，恐日久不相识，并先人来踪亦莫稽也。于是发愤□签族众，共得钱十余千，生息作祭扫之费，岁时聚族人追报会食。后嘉庆辛酉，曾叔祖绪倚公又念息无□，人众不敷，恐致乾没。爰与侄孙廷允再议捐签资本，并前所捐，合计共得银三十余两，买瓦屋一间，坐落牛□，其租以襄祀事。至道光六年丙戌，从叔常来、常衍二公与侄廷允又议，合现居邕之叔侄兄弟创为义举，□一百三十余两，买受北门街口苏姓瓦屋一间，建造祠堂，奉家勉公为来邕太祖。

《鼎建祠堂碑记》并不隐晦其合族祠的性质，碑文清楚说明了族人相互之间的关系本来较为疏远，后才逐步联合创建宗祠。这一情况从侧面证明，甘氏宗族并不是真正具有血缘关系的组织。该碑是以撰文者甘廷允为中心展开叙述。根据碑文的叙述，只有家勉公的后人才是真正繁衍起来的支系，有明确的始迁祖的安葬地点。但家勉公的后人在甘氏宗族并不占据主导地位。决定甘氏宗族发展的是绪荣公、绪倚公、绪乾公及其后人。值得注意的是，绪荣公、绪倚公、绪乾公均没有具体的安葬地点。这几位祖先实际上是不同时期有不同的甘姓广东商人加入到宗族的结果。如绪乾公代表的就是乾隆初年加入甘氏的群体。当其时，许多来自新会的甘姓中小工商业者开始与当地的甘姓一起创建宗族，并共同奉祀家勉公为始迁祖。随后，甘氏宗族不断发展，至嘉庆年间更是购置了祀产。此时，甘廷允将自己的祖先绪荣公的牌位放入宗祠之内，以此加入甘氏宗祠。在这一过程中，甘廷允又凭借自己雄厚的经济实力，成为了甘氏宗族的话事人之一。《鼎

道光十五年《鼎建祠堂碑记》

建祠堂碑记》由其撰写即是重要的证明。

另外值得关注的是，在捐助名列中，还出现了“广西左江镇标右营千总候升守备”的题签。“广西左江镇标右营千总候升守备”是清代武职官名，表示该武官在广西左江镇标右营担任千总，且有待升迁为守备。该情况表明甘氏宗族与军队的来往颇为密切，其族人的贸易活动需要得到军队的保护。

在清代，南宁城的商业繁荣，导致了广东商业移民的日渐增多。在此背景下，部分商人在此定居并世代繁衍，经过百余年的发展，逐渐形成了许多小规模的、类血缘的宗族组织。他们通过建立公共祠堂、举行供奉共同祖先的祭祀活动等方式，来维持和强化宗族内部的联系。这种基于血缘关系的联结，不仅增强了宗族内部的凝聚力，还为商人在商业活动中提供了相互支持和合作的基础。甘氏宗族的构建历程是清代在桂广东商人发展类血缘关系的典型个案。创建后的甘氏宗祠规模并不宏大，但其作为文化符号，对甘氏跨行业的商业网络发展起到了重要作用。同时，除了商业活动，这一宗族也通过血缘关系在如慈善、互助等社会活动和族内的养老、安葬、祭祀等问题上发挥了重要作用。这些合族祠不仅承载着粤商文化，还反映了宗族文化在社会生活中的重要作用。

管理族产费思量

——道光二十□年《□□灯会租钱条规开列》解读

清中叶，是贺江流域宗族发展的重要阶段。在这一时期内，许多宗族不断购置田产以提高宗族在地方社会的影响力。与此同时，为更好地管理族产，各姓宗族纷纷更订族规。《□□灯会租钱条规开列》刻列的就是贺街龙氏宗族管理族产的规定。该碑刻立于道光二十□年，因字体剥落，我们无法确定具体的年份及灯会的具体名称。《□□灯会租钱条规开列》现存于贺州市贺街镇河西村龙氏宗祠内。

清代的龙氏宗祠创建于乾隆十四年（1749）。创建之初，龙氏宗族并未有固定的族产蒸尝，其本质上是当地龙氏各支派的重新联合。因此，当时的族规更多是关于族人的管理，并未涉及族产的经营。但经过近百年的发展，至道光二十余年时，龙氏宗族已积累了一定规模的田产。

龙氏宗族族产的管理组织为灯会。根据碑文的条例，灯会的收入主要有地租与放息两大项，开支主要有添丁钱与花红钱。我们不妨先看族产收入的部分。灯会共有金鸡岛田、书房田及灯会塘三处收入，合计共有四千文及二百斤租谷。从三块田产名字的差异可以判断，上述族产应为龙氏宗族在不同时期购入，其在宗族建设中的功能亦不尽相同。其中，灯会塘应为灯会最初的田产，主要用于奖励族人添丁，而书房田则是用于鼓励族人参加科举考试。此次刻立《□□灯会租钱条规开列》的主要目的就是将上述族产归一管理、统一开支。新的管理组织则为改组后的新灯会。此为龙氏宗族在道光年间的一大变化。

结合开支明细，我们不难理解族产归一管理的原因。根据碑文显示，族内每添一丁所出的花红钱、镯钱合计六百文，考取功名者所出的花红钱额度则更高，从三千文至十千文不等。但此外书房田的收入远少于灯会塘，灯会塘的收入为三千文，而书房田的收入仅有一千文。在越来越多族人考科举的情况下，书房田根本不足以应付因科举考试而产生的开支。

灯会的另一项收入为放息，由首事负责，月息为二分。需要稍加说明的是，如按现今社会的息率，其已属于高利贷的范畴。但在清代民国时期，二分月息在民间借贷中属正常范畴。亦因如此，龙氏族人才会把息率刻于碑上，便于管理。

灯会重组的另外一项收入来自各房族人所捐的入会底钱。捐款的族人共有三十五位，每人三百文，合计拾千零伍佰文。这笔会底钱会同每年的田产与放息收入，共同作为应付添丁及考取功名的花红钱。同时参与捐助的龙氏族人有克、绍、先三辈。

在管理条例中，还充分体现了龙氏宗族对武科举的重视。在考取功名的花红钱奖励明细中，虽然两者的奖励额度一样，但

● 道光二十□年《□□灯会租钱条规开列》

在具体的开列中，龙氏宗族对武科举、担任武职的奖励极为详细，龙氏宗族内如有人担任把总，可获得五千五百文的奖励。这一情况在广西各地碑刻中极为少见。关于这一情况，有两方面的原因。其一，龙氏宗族出身军户，一直保持着习武的传统；其二，道光年间贺江流域"匪乱"情况严重。在道光年间广西各地"匪乱"严重的大背景下，各地的宗族出现了军事化的趋势。龙氏宗族亦通过鼓励族人投考武科举来巩固本族的武装力量及政治地位。这一情况，也为清末地方军阀的出现奠定了重要的社会基础。

在清中叶以后地方社会趋于动荡的背景下，贺江流域宗族建设也有军事化的趋向。该碑反映的，就是桂东地区宗族组织这一时期的变化。

重规蒸尝
——道光二十四年《族规刻碑》解读

广西各地的许多宗族在清前期建立以后，经过近百年的发展，至清中叶已形成了较大的规模，其主要表现在族产数量有了大幅度的增长。但随着族产规模的增加，原有的族产管理规定开始变得不适用。在此背景下，许多宗族开始重新订立族规以管理族产。《族规刻碑》反映的就是清中叶桂东地区宗族重新订立族规的具体情况。

该碑刻立于道光二十四年（1844），现存于贺州市八步区桂岭镇善华村于氏宗祠内。于氏宗族在乾隆初年创建宗祠时，于氏族人主要强调的是三房之间的联合及如何共同管理蒸尝。

该碑由十六世孙于书撰立。与乾隆《创祠碑记》不同的是，该碑刻立的主要目的在于完善族产的管理，防止蒸尝出现流失及被变卖的情况。

该碑的内容并不复杂，仅有七条条例。但每一条规定均反映了当地宗族在这一时期所面临的问题。

首先，因宗族的祀田为三房轮值管理，每年由一房负责催缴钱粮。但在实际操作的过程中，或因私情、或因客观原因，这些族产佃租经常不能如期缴纳，产生积欠的情况。但与此同时，这些田产又需每年按时向官府缴纳税钱。如此一来，族产祀田便出现亏损的状态。因此，于氏宗族在第一条即规定："宗祠祀田钱粮，每年早完清楚，不可积欠。"

其次，随着族产规模的增多、族人的繁衍，宗族内部出现了私下出售甚至"盗卖"族产的情况。而这一情况的出现，恰恰说明了这一时期于氏宗族内部三房的关系变得颇为微妙。三房之间的权力格局并非处于平衡的状态，某一房支的实力远强于其他两房，故能私下出售族产，将其占为己有。所以，于氏宗族重新订立规定，"祖公遗下各处税地"，"无论疎远，外人即至亲知友，不批不卖"。与此同时，对于私下出售祀田的族人，除了要追回田产以外，亦要将其逐出宗族，永远不能归宗。我们可以从这些规定中反过来推断，于氏宗族在道光年间出现了颇为严重的族产私卖情形，故宗族不得不重新订立规矩：所有族产概不外卖。

再次，此次关于族田规定的订立，确保了族田在安葬方面的使用。根据碑文，族人可以在竹林地内安葬先人，而族田的栽种者（即佃户）不能从中阻挠。这一情况说明，族田能否用于安葬先人，在当时族内有着较大争议。一方面，族田是宗族的公共财产，有人认为可以将其作为安葬之地；但另外一方面，将耕地改作坟茔，又势必导致耕作面积的减少，故又为耕种者所反对。一般而言，租耕族田的为同族之人。因此，这一矛盾又演变成族内的矛盾。对于以上矛盾，宗族采取了较为折中的处理办法。族规

道光二十四年《族规刻碑》

只规定了族人可在“竹木之处”的祖地安葬先人，而没有允许在耕地内安葬。这一规定的逻辑一方面是承认了耕地租佃者的个人利益，而另外一方面则是维护了宗族的公共利益。这一方面的规定，说明此前必有权势乡绅禁止族人下葬的情况。

又次，族规对宗族内部的决策机制作了严格规定。所有宗族之事，必须要经族长及宗祠首事秉议后才能执行。同时，如遇族内纠纷，知情人有责任与义务出面协调化解，以免矛盾进一步扩大。上述的规定说明这一时期纠纷不断，于氏宗族需要重新订立族规以确定新的权力秩序。

从乾隆初年至道光二十四年，经过近百年的发展，于氏宗族的规模日渐壮大，亦因此出现了许多矛盾与纠纷。虽然《族规刻碑》没有直接点出三房的关系问题，但从规定的内容可以看出，该碑的核心内容就是需要围绕着族产的管理与族内权力机制问题重新确立三房之间的关系。修订者希望通过新的族规，重新稳定宗族内部的关系。

读者研读该碑时，如果希望对善华村的历史作进一步的了解，可与乾隆十五年（1750）善华村于氏宗祠的《创祠碑记》结合分析。

捐购庙产
——光绪三十年《桂岭建祠碑记　永垂不朽》解读

清末桂东地区社会持续动荡，以庙宇为中心的乡村联盟越来越难以应付日渐严重的“匪患”。在此背景下，越来越多的乡绅开始联合同姓民众在贺县县城创建宗族。《桂岭建祠碑记　永垂不朽》记录的就是清末贺县罗姓宗族在创设宗祠过程中购买蒸尝的情况。该碑刻立于光绪三十年（1904），现存于贺州市贺街镇古城罗氏宗祠内。

罗氏宗祠创建之时，清王朝的统治已近尾声。碑文的撰写人罗凤琦在文中写道，在贺县设县以后，罗氏族人就一直希望创设宗祠，但苦于无人倡修，同时没有土地作为蒸尝，故创设之议未果。这一说法当然极为牵强。但值得注意的是，在贺街创设宗祠的罗氏族人主要来自桂岭，而非县城内居民。桂岭地处贺县东北方，属广西、广东、湖南交界地带，北通湘楚，东达粤地，是三省交会的要冲之地。桂岭墟为当地最大的圩市，距县城一百六十里。同时，桂岭在清末为“匪乱”之区，许多游匪跨境流劫，故广西各级官员一直将桂岭视为广西守备的门户。在此背景下，桂岭罗氏在贺县县城建立宗祠的真正目的或在于借助官府的政治、军事资源以靖乡土。

碑文如是记载罗氏创建宗族的过程：

> 我县自开创以来，罗氏之祠久欲立焉。前则恨无其人，继则因无其地。是以虽欲□□□能，欲不立而不得。适于光绪辛卯年，有旧趾出售，佥云建祠，遂一唱而百和，为之受焉。启曾为□□□□月处，俊哲、光承诸人为之赞理，共襄斯举焉。

捐助名列共分两部分，第一部分为购置土地及修建祠堂的捐助费用，共86笔捐助，合计洋银433.6元、白银3两正；第二部分则为祭祀田的认捐名列，共33份，合计66元。关于第一部分，我们并不难理解，因创建罗氏宗祠的族人来自桂岭，所以其需要通过筹捐以在城内购置土地及兴修祠堂。最值得玩味的是第二部分，文中写道："（祭祀田）共计三十三份，买受桂岭圩大西门外塘田，与张公庙各占一半，契约存凤琦处。"三十三个认捐的族人合买了桂岭圩大西门外的塘田。该地原为张公庙的祀田，罗氏族人购买后，该地为罗氏宗祠与张公庙各占一半产权。这一交易的状况说明，该地并没有在县衙的土地登记上进行"拆分"，而仍登记在同一名下。

张公庙为桂岭的墟庙，地处桂岭墟西门外。而桂岭的团练组织——梅花团，就设于张公庙内。桂岭张公庙亦为罗姓乡绅所控制。因此，该土地的交易实际上在罗氏宗族内部完成。罗氏宗族

光绪三十年《桂岭建祠碑记　永垂不朽》

在桂岭地区的活动以张公庙为中心，而在县城的活动则以宗祠为中心。

在晚清地方日渐动荡的情况下，仅以一地一庙为中心展开团练，已经无法应付日益猖獗的“匪乱”。因此，罗姓乡绅开始尝试以血缘的方式构建更大的地缘政治网络，而其中的重点就在于建立梅花团与县城之间的关系。已经掌握了桂岭地区权势的罗姓乡绅，需要通过强调宗族的建设以补充、完善张公庙的功能。

如果对该碑的叙述结构再作仔细考察，我们不难发现其中不寻常的地方。作为创祠碑记，罗氏族人在碑文中并没有像其他创祠碑记一样，强调其祖先的源流、显赫的身份等必备的要素。同时，碑文也没有讲述其与桂岭张公庙之间的关系。纵观整篇碑文，其结构甚为简单，除了强调几个倡议族人的功绩外，几乎没有一句提及祖先的辉煌历史。更值得注意的是，碑文一开始即强调“县城为一邑之主”，随后又反复强调县城于宗祠的意义。这一点也充分说明，罗氏草创宗祠的目的并不在于宗族规制的完善，而是重在建立与县城的关系。

罗氏宗祠从张公庙购入田产后，交由罗凤琦保管。罗凤琦同时保管着张公庙的祀田。因此，罗凤琦实际上就是宗祠与张公庙的话事人。罗凤琦为清末桂岭地区颇具名望的乡绅，民国《贺县志》对其记载为：“罗凤琦，桂岭人，候选知县。”

如果读者有兴趣进一步了解清末民初桂岭与县城的政治关系，可通过民国《贺县志》及张公庙的记载作更为深入的分析。

墓管书田

——民国八年《书田记》解读

清末民初，地方纷乱。贺江流域的乡村社会对宗族建设极为重视，各大姓均认为宗族是保乡安民的首要之策。但宗族的强大又有赖于族产的增多及妥善的经营管理。在此背景下，贺江流域的许多宗族又出现了一波新的建设浪潮，以完善族产的管理。《书田记》反映了这一时期龙氏宗族清理族产的情况。该碑刻立于民国八年（1919），现存于贺州市八步区贺街镇龙氏宗祠内。

该碑撰写的主要目的在于清理龙氏的族产以便重新管理。碑名所说的书田即龙氏的族产。根据碑文的记载，龙氏的族产主要分为新、旧两大部分，两部分的田租合计一万零二百斤。如果对比道光年间的田产数量，我们不难发现，龙氏宗族即使在社会动荡的背景下仍能不断发展，族产的规模亦有了大规模的增长。龙氏以咸丰年为作为新、旧书房田的划分年份，这与太平天国运动的发生与平定有着密切关系。太平天国运动对龙氏宗族的影响由此可见一斑。太平天国运动平定以后，龙氏应对族产进行过一次清理，故民国八年重新清理族产时是以咸丰时期的底册为依据。

咸丰以后，龙氏宗族共增加了八处田产，合租二千四百斤，占书房田总额的23.5%。换言之，从咸丰至民国初年短短的几十年里，龙氏的族产有了大幅度的增长。更值得注意的是，咸丰以后增加的族产，以捐纳获得功名者的捐出居多。换言之，咸丰以后，龙氏宗族更多的族人是靠捐监、捐贡获得功名。太平天国运动沉重地打击了传统的商业网络，使得龙氏宗族的许多族人得以迅速积累财富。这些龙氏族人在短时间内积累财富后，又通过捐纳及捐入书房田以提高自己在地方上及族内的声誉与地位。一般而言，在社会动荡时期，地方的经济往往会呈现衰败之势，但这一情况并非绝对。龙氏宗族的经济规模在咸丰以后迅速发展，充分证明了宗族是地方经济发展中的重要角色，其在抵御“匪患”、应付灾害等问题上发挥着不可替代的作用。

此次龙氏宗族清理族产后，分别将族产的明细刻于祖先的墓碑及祠堂之内，以示族人。但根据碑文所述，族产首先是刻于先祖的墓前，立于祠堂内的碑刻属备份的性质。因此，对于龙氏族人而言，祖先的坟茔是控制族产最重要的文化符号。在明代一条鞭法改革之后，土地田产不仅可以登记于活人的名字之下，亦可以登记于已故先人或者虚拟的户名之下。而正是这一变化，使得民众可以以先人的名义控制田产，奠定了宗族发展的经济基础。贺县龙氏在清代的发展正是这一情况的全息投射。

该碑的撰文者为龙先钰。龙先钰，廪贡生，曾在广东为官，

民国八年《书田记》

在贺县地区有较高的声望与地位。民国二十二年（1933），龙先钰与兄长联合贺县各乡士绅，一起纂修了民国版《贺县志》。在龙先钰的生平事迹中我们看到，清理族产与纂修方志构成了地方乡绅巩固其权力地位的经济策略与文化手段。一方面，龙先钰通过清理族产对内加强宗族管理，团结族人；另一方面，其又通过与各乡士绅的联合，组成乡村权力联盟，从而实现地方的联合自治。

如果将该碑置于清代龙氏宗族的发展脉络中解读，我们可以看到地方乡绅如何通过族产的积累与管理使得宗族的力量不断壮大。这些族产成为了宗族支持族人参加科举、培养地方精英以及防御“匪乱”的重要经济基础。但需要指出的是，宗族并非一成不变。在时势变动的过程中，宗族不断调整着自身的经营策略，通过祖先文化符号的结合，塑造出强大的经济实力。

市镇生活

乡绅联盟

——康熙六十一年《合建双贤祠》解读

明清鼎革，广西各地的社会结构发生了重大改变，原有乡绅势力受到了沉重打击。入清以后，在各地新崛起了一批新乡绅。至康熙末年，许多乡绅开始以合建祠庙的形式结成联盟，以此达到控制地方社会的目的。《合建双贤祠》反映的就是康熙中后期梧州地区崛起的乡绅创建联盟的基本情况。该碑刻立于康熙六十一年（1722），现存于梧州市博物馆内。

梧州地处两粤要冲，明清时期先后建立了许多影响深远的书院，包括东湖书院、茶山书院及回澜书院。碑文多次提及的双贤祠，就与茶山书院有着密切关系。茶山书院位于城的东北部，即现今梧州市文化路小学所在地。在碑文的开始，倡修的乡绅追述了韩雍于梧州文教的功绩。明成化年间，韩雍平定大藤峡“瑶乱”后，在梧州城创设两广总督府以统合两广军政。韩雍治粤期间，在梧州城创办书院、大兴文教。故该碑在开头即详细记述了韩雍于梧州的功绩。

明清鼎革之际，梧州城的书院毁于战火。地方平定之后，知府陈天植于康熙二十五年（1686）在南熏门创建了观澜书院，后改名回澜书院，是为清代梧州书院之始。需要赘言的是，该地为清初名宦傅弘烈的住宅故地。因陈天植于梧州文教的功绩，梧州士民将其奉祀于双贤祠，故双贤祠又名陈公祠。与此同时，倡建的乡绅在碑文中指出，韩雍虽功德甚大，但已享文庙祀典，故不应再建亭祀之。凸显陈天植、弱化韩雍的叙述结构表明，清代梧州乡绅对前明的传统趋于弱化，而更强调清代的传统。

康熙三十五年（1696），苍梧知县刘以贵在东门内创办了茶山书院。随后，地方乡绅再将陈天植的牌位迁至茶山书院之内，茶山书院因此被改名为回澜书院。康熙五十六年（1717），范大士任梧州知府期间，积极推动文教，深受地方士民认可。其间，乡绅寻回澜书院旧址，建议复建陈公祠。因范大士有功于民，故乡绅又将其牌位立于祠中。因此，双贤祠也是祭祀范大士的生祠，是地方书院文化传统的组成部分。

双贤祠的建立，反映了清中期地方乡绅积极参与地方文教以影响地方公共事务的努力。康熙中叶以后，随着地方社会的稳定，在梧州城周边的乡村地区出现了一批颇具经济实力的乡绅。至康熙末年，这些乡村社会的权力精英开始联合起来，在城内修建双贤祠，以影响城内的文教事业。这些乡绅通过这些活动，积极参与城内的社会生活并影响了梧州城的政治。此为双贤祠修建的目的与背景。

在倡修名列中，一共出现了二十四位乡绅，其中大部分人的

康熙六十一年《合建双贤祠》（局部）

生平为乾隆《梧州府志》所记载。在这些乡绅中，最有名气的当推关为寅、李世瑞二人。关为寅，字钦山，号澹园，苍梧人，在梧州地区素有文声，雍正年间任梧州茶山书院院长。关为寅乐善好施、热心地方公共事务，曾创立义仓以济乡里，捐献族产以赡族人。此外，地方志还记载了其拒绝外出为官的经历。

李世瑞，字非凡，号月庵，苍梧长行人，康熙四十一年（1702）岁贡。与关为寅一样，李世瑞积极推动宗族建设与地方公共事务，“建宗祠、置义田，以赡族人。立义学、社学以兴文教，设义渡以济行旅，舍田于各庙寺以奉香火，又赈粥救饥，施药救病，善无不为，著有《天文》四卷，《诗文》一卷，《集验医案》一卷，皆梓行”。

二人的生平充分说明了倡建双贤祠的乡绅对梧州城公共事务的兴趣。而其背后的原因，又与康熙末年以后梧州城日渐繁荣的商业贸易有着密切关系。地方乡绅希望通过科举及对公共事务的参与以实现其商业目的。当时，梧州城南的商业贸易极为发达，众乡绅将陈公祠从茶山书院迁回城南一带，其经济动机显而易见。

为维系双贤祠的香火，这些乡绅合捐了一块祠田。田地位于南门之外，即双贤祠旁。该地每年租金为十二两五钱，纳税六钱九分二厘，余租用以支付看祠人李桂的工资伙食及庙宇香火。

双贤祠的建立，反映了康熙末年梧州地区不同村落的乡绅通过在城外联合创建双贤祠以实现经济目的的情况。许多移居梧州城的乡绅，通过纪念和推崇地方上的贤达人士，以弘扬地方文化，进而增强自己在地方事务中的话语权，从而达到影响梧州城内政治的目的。

以庙入市
——康熙六十一年《创建列圣宫题名碑记》解读

明清时期的广东商人在广西从事贸易活动的过程中，如何立足于圩市，获得一席之地，是广西商业史研究的重大问题。一般而言，广东商人在广西立足的方式有二：一是直接购置土地建立会馆；二是以捐修当地庙宇的方式融入当地社会。《创建列圣宫题名碑记》反映了在桂粤商是如何以第二种途径，即通过捐修庙宇的方式进入圩市。

《创建列圣宫题名碑记》刻立于康熙六十一年（1722），现存于广西平南县大安镇列圣宫内。该碑包含两部分，除了正文以外，在碑石顶部还刻有《飞来碑》。在研读该碑前，我们有必要了解大安的基本情况。大安又称大乌圩，位于平南县的南部。在清代，大乌圩与苍梧戎圩、桂平江口圩并称西江中游地区三大圩市。这三个圩市为连接广州与佛山的区域性市场。值得注意的是，在平南本地的市场网络中，大乌还与另外两个规模略小的圩市（白马、丹竹）形成一个相对独立的市场网络。大乌圩的市场范围为平南南部，丹竹圩为平南北部，白马圩为平南东部至藤县西部。三个圩市的圩期相互交错，其中，白马圩的圩期为农历日期中带有一、四、七的日子，大乌圩的圩期为二、五、八，丹竹圩的圩期为三、六、九。此为我们研读《创建列圣宫题名碑记》所需了解的地方性背景知识。

列圣宫是大乌圩最重要的庙宇，原来主祀贤化大王，在广东商人进入之前，信众为本地的村民。入清以前，大乌圩并未繁荣兴盛。康熙中叶以后，随着米粮贸易的发展，越来越多的广东商人进入大乌圩贸易营生，大乌圩的地位亦不断上升，最后成为西江中游三大圩市之一。碑文中的《飞来碑》，讲述了康熙六十一年列圣宫重修过程中贤化大王显灵的事情。根据《飞来碑》的描述，碑石原在武林江口与浔江的交汇处。武林江口为广东商人到平南南部地区从事商业贸易的必经之路。列圣宫在重修的过程中，从武林江口采运碑石一事得到了贤化大王的允赐。也正是因为得到了神明允赐，碑石在遭遇不测之后，仍得"神力"被送至大王庙前。这一故事固然有神话的色彩，但是其叙事结构微妙地解释了广东商人在进入大乌圩的过程中得到了当地的接纳。

兹抄录《飞来碑》部分碑文如下：

斯碑也，出自武林江口大王洲下。庚子之秋，洪水涨大，沙去石现。适有叟者，因见本墟列圣宫成，觅石勒铭，对众信曰："今者，河下有一碑，高大未经勒铭，胡不往观?"众信欣然，齐至大王案前虔诚祷告，神恩允赐。众架舟辑，欲乘碑归，适而登舟，舟与碑流，众信浩然长叹，虽有机智，不可复起矣。然而神不需于人力，人不得而知也。越辛丑，列圣登座。是夜将半，疾风雷雨，而碑至矣。庙祝开户视之，不知奚自，报知众信。众信曰：“畴昔所乘与舟俱流者，非此碑也耶？”遂名传为飞来碑也。

在获得接纳之后，广东商人开始捐修大王庙，并将其改建为列圣宫，将自己供奉的神明放至大王庙之中，大王庙亦因此得名列圣宫。列圣宫创建之后，供奉的神明众多，包括北帝、观音、关圣、天后、三元、华光、康王、玄坛、贤化、三界等。不同的神明有自身的信众，这一情况说明康熙末年大乌圩的群体构成十分复杂。

在康熙六十一年的重修中，参与捐助的广东商人共有六百余人，本地土著只有十余人。捐款比例的不对称充分说明新到的广东商人已经成为了大王庙的主导力量。广东商人改建大王庙之后，其习俗发生了根本性的变化。庙事议决的方式由“龟筵”改为“卜珓”。“卜珓”与“龟筵”均为用占卜的方式议决事情，但不同的是，前者用杯形器物占卜吉凶，后者则用龟蓍。这一情况实际上是广东人的传统取代本地传统的过程。

列圣宫创建后，其主要的功能为裁决圩内贸易纠纷，“市有诤不讼于有司而讼于庙”。康熙末年列圣宫的创建，意味着广东商人进入圩市之后，确定了新的交易仲裁方式。此后，列圣宫实际上承担了管理大乌圩的角色与功能。

康熙末年列圣宫的创建，共筹得捐款636笔，共计白银约255.82两。这一数额说明大乌圩在当时的规模并不大。但这一变

康熙六十一年《飞来碑》《创建列圣宫题名碑记》

化为雍正、乾隆以后的大乌圩贸易迅速发展奠定了重要基础。随着大乌圩的迅速发展，尤其在雍正年间以后，其在官方行政体系中的地位不断提升。雍正十年（1732），平南知县李志斌将巡检司移驻大乌，以管辖平南至容县、藤县的接壤山区。

清康熙末年，广东商人通过捐修本地庙宇进入大乌圩，并进一步控制本地市场网络的情况，折射出的是清代西江流域民间信仰与贸易网络互嵌的过程。

管理渡产

——乾隆三十六年《流传金花各银碑记》解读

渡口是商业发展的重要条件之一。在明清时期，广西各地的许多渡口设置有渡田支供船工伙食及渡船修理等开支。此为我们理解广西各流域商业发展的一个重要环节。

《流传金花各银碑记》记录了明清时期府江流域渡口田产如何管理的问题。该碑刻立于乾隆三十六年（1771），现存于贺州市昭平县府江边的天后宫内，天后宫旁的码头在民国以前被称为马头渡。该碑有较高的学术研究价值，虽有部分字句已经剥落，但并不影响读者对碑刻整体的把握，故编者仍将其收入书中。

在碑名及碑文中，读者需要留意“金花银”“比银”“比价银”等货币问题，金花银为明清两代税粮折收的银两，因其银成色足且有金花，故谓之金花银。碑文以金花银作为记账单位，说明当时府江中游地区的货币状况极为复杂，市场上流通的白银成色不一。各项捐入的货币种类甚至可能还包括了银洋、铜钱等不同的货币。因此，该碑的记账方式为“比价银”，即将各种货币折算成相应的金花银，以便于核算管理。

碑文所讨论的马头渡，位于清代昭平县城的东边（即府江西岸）。该码头人员往来频繁，是县城通往府江西岸的重要渡口。该渡口在清代为官渡，属官产性质。清初，昭平县设有渡夫一名，负责摆渡来往商民。此后，又因人多船少，无法满足摆渡的需求，故有官员或商民捐入渡田，以供摆渡之需。但随后又因田产屡有变卖及捐入，渡产变得甚为混乱。故《流传金花各银碑记》刻立的目的为厘清渡产的数量及管理问题。

马头渡虽为官渡，但因背后涉及的众多利益群体，故其管理机构为“会”。会设有会首，采取轮值管理制度，如“码头渡田，文契清单彩文共六张，详文印册一本，收粮印册二本，交值届轮流”。“会”由天后、观音二庙共同联合组成，天后庙与观音庙均对渡口有控制权。两个庙分处于府江的两岸。碑文开头即提到二庙的庙会分别捐助金花纹银，合计二十八两八钱。马头渡的管理与运作实际上是依赖于天后、观音二庙的联合。

《流传金花各银碑记》的刻录原则为逐一记录每一处渡产及每一笔捐款的来源及开支范围。码头的开支主要包括修葺庙宇、修造渡船及渡夫伙食。渡夫的伙食开支由官府每年支给，碑文内的“太爷”实指县衙门。会首负责渡口收入开支的核算。

马头渡的纠纷焦点在于古朗渡产的变卖。马头渡渡船的额本来源有二，一是乾隆十七年（1752）变卖古朗渡的渡田，得价八两，再合共首事捐入的七两八钱，合共十五两八钱。原定为以该笔钱为本额生息，以五年的生息银造渡船一只，用息不用本。但又因古朗渡渡田的产权不明确，引发了官司。官府最后将变卖古朗渡

乾隆三十六年《流传金花各银碑记》

渡田所得的八两白银追回，重归古朗渡所有。变卖古朗渡产的收入被追回后，刘师爷再捐出比银十两，以此作为额本重新生息造船。此外，彭老爷的捐银生息则用以修葺庙宇。乡绅捐款用途的差异，表明了马头渡管理权的分割。

最后需要注意的是，碑文中提到“刘师爷”仍寄捐比银十两是发生于其离开了昭平以后。“师爷”即县官的幕僚。幕僚寄捐的情况说明，其在昭平县期间，对当地的经济有较为深度的参与。在离职后，“刘师爷”仍需要通过寄捐的方式维持其在当地的利益。

《流传金花各银碑记》呈现了清代地方官渡管理与运作的方式。作为官渡，马头渡众多开支中，仅渡夫伙食一项由官府管理，其他开支更多依赖于官、绅、商的合捐。因该渡口为商业要道，涉及的利益巨大，师爷、商人、士绅均需要通过不同形式的捐助以获得马头渡的份额，这也呈现了清代官产管理与运作的开放性。

增神扩市

——嘉庆十四年《嘉庆乙丑年重修列圣宫增建后楼东西厅题名碑记》解读

乾嘉年间，是西江流域的贸易迅速增长的阶段，圩市的规模及管理机制在这一时期内均发生了较大的变化。但关于这一时期西江流域圩市结构、管理机制等微观层面的问题，目前学界的了解仍欠深入。《嘉庆乙丑年重修列圣宫增建后楼东西厅题名碑记》的学术价值，正是可以弥补这一方面碑刻文献的阙失。该碑刻立于嘉庆十四年（1809），现存于平南大安镇列圣宫内。碑文的结构较为复杂，其实际上由四部分组成：《重修列圣宫题名碑记》《列圣宫增建后楼》《东西厅题名碑记》《嘉庆乙丑重修列圣宫通圩喜助工金不敷各商贾再将货利加捐银两题名碑记》。另外，在《嘉庆乙丑年重修列圣宫增建后楼东西厅题名碑记》之后另有《重修列圣宫收支数目并庙坐同届正碑》，该碑刻立于嘉庆十六年（1811），记录此次重修列圣宫开支情况。

如果结合大乌圩在康熙末年刻立的《创建列圣宫题名碑记》，我们不难发现，嘉庆年间列圣宫贸易范围的扩大及规模的增长均是显而易见的。在康熙末年时，大乌圩的市场范围仅集中在平南南部地区，但至嘉庆年间，其市场的范围已经涵盖了高州、廉州、雷州、玉林及梧州、平乐地区。经过近百年的发展，大乌圩已从一个本地圩市变成了辐射北部湾与府江流域的区域市场。在此次列圣宫的重修中，一共筹得捐款5152.15两，远超康熙六十一年（1722）255.82两的捐助金额。

更为特别的是，嘉庆十四年列圣宫重修费用的来源极为复杂，其包括了捐助与抽厘两个部分。而捐助的部分为又分为列圣宫内的不同建筑。换而言之，列圣宫中包含了不同的建筑部分，这些不同部分的捐助均为专门单列的捐助。第一部分的捐款为修葺前殿，即金花夫人殿。第二部分捐款为增修后殿，后殿主要用以安置观音、财神，并增祀文昌于其上。这一状况意味着前殿与后楼分别有不同的祭祀群体，即不同的商人群体。在传统社会中，不同的神明往往为不同的群体所奉祀。奉祀金花夫人的为列圣宫中旧有商铺。在嘉庆年间，列圣宫整合了圩市内的其他商人群体，故观音、财神才迁入其中。两个群体之间的关系极为微妙，一方面，双方需要共同合作，均将各自的神明奉祀于列圣宫内。但另一方面，双方又保持着距离，分别奉祀各自的神明。正因这一情况，碑文中才出现了《重修列圣宫题名碑记》与《列圣宫增建后楼》两个不同部分捐助名列。

此外，增祀文昌的情况则说明这一时期在大乌圩营商的广东商人已有相当规模，许多粤商家庭甚至定居于此，许多商人子弟亦在此读书，甚至在广西考取功名。在此背景下，商人出现了祭祀文昌帝君的需求。在捐助题名中被单独列出的还有东、西二厅部分。东、西二厅并非供奉神明，而是作借宿、存货之用。因此，这一部分的捐助主要来源于水客。这说明了在嘉庆十四年列圣宫的重修中，主要包括旧有商户、新加入商户及水客三个群体。

同时，因大乌圩内商人群体复杂，结构较为分散，无法一次筹得所需款额。因此，列圣宫只能根据圩内商铺的营业额进行抽厘。庙事在每月的初一、十五根据货值的大小向各铺户抽厘，共历时一年多，抽得白银三千余两。这一情况在西江中下游地区的其他圩市甚为少见。

关于列圣宫在嘉庆十四年的重修过程，碑文记载如下：

列圣宫之作由来久矣，自康熙壬寅年，迄乾隆庚午、癸卯年，历有修扩葺治。鸟革翚飞，未极轮奂，且地居平衍，旁汇二水，首注大溪。每左、右两江暴涨，则神庙汩没。买舟载主，人以为艰。嘉庆乙丑年，首事等议即前二进而新之，右创三进，敬金花夫人其中。而以其后大殿增置高阁，迁大士、财神，增建文昌其上。水涨则群神列圣并列同升，波涛无恐。众韪其议，而难捐资，更酌签题外，随货抽丰，每值百金抽银三钱。朔望则令诸铺户诣词吐款，必诚必信。阅岁余，得金三千有奇。鸠工庀材，不日不月而工竣。

最后，在《重修列圣宫收支数目并庙坐同届正碑》中，修造者详细开列了各项开支收入。此部分的开支明细包括了主要原材

嘉慶乙亥年重修

料的来源，这些细节深刻揭示了大乌圩的市场网络情况。如神庙的栏杆、滴水阶砖、金箔、银、朱金漆等物料主要从东省运回。这些物料或者所需工艺水平较高，或者为从海外市场进口。而大小杉木、樟木等木料则主要在本地或浔江中游地区的市场购得，来源地包括桂平的大黄江口、平南的丹竹以及苍梧的戎圩。

平南大安列圣宫在嘉庆十四年的重修碑文，充分反映了西江流域圩市在乾嘉年间的发展情况。

嘉庆十四年《嘉庆乙丑年重修列圣宫增建后楼东西厅题名碑记》（局部）

官民合修桂花井

——嘉庆十六年《重修桂花井碑记》解读

《重修桂花井碑记》刻立于嘉庆十六年（1811），现存于贺州市贺街镇河西街南门口的桂花井旁。桂花井始建于明朝，历史悠久。其名称来源于井边的一棵桂花树。桂花井井水清澈晶莹，因水质清甜，在明清时期被列为贺县八景之一，名曰“桂水喷香”。入清以后，桂花井一直是地方乡绅、文化界人士吟诗作赋的观景题材。晚清时期，贺县著名的文人苏煜坡在《临江杂兴》中就写下“塔尖遥射晚霞红，桂花井汲泉源活”的诗句。正是因其浓厚的人文色彩，桂花井成为了贺县公共领域中重要的文化符号。

明清时期，桂花井不仅是贺城内官员、居民重要的饮用水源，更是贺州地区重要的人文景观。桂花井井口呈圆形，直径94厘米，深约10米，井壁以青砖砌筑，护井栏则用整块石灰岩巨石穿凿而成。栏高约54厘米，厚约15厘米。此井为城址内唯一的一口公共用井，历史上因使用频繁，年深日久，护栏石井圈被人们汲水时用的汲水绳索磨出道道沟壑，据说共有56道，形似花瓣又似龙爪，也是此井独特之处。桂花井现已被列为县级重点文物保护单位。

“桂水喷香”是历史上临贺故城的八景之一。桂花井始建于明天启年间，“但前辈叠次重修，传至乾隆辛丑岁”以后一直没有再进行修缮。到嘉庆年间井台已经损坏。嘉庆十六年，富贺营的常千总看到井台毁坏，遂召集当地文武官员、乡绅及商人重修。此次重修最值得注意的角色是富贺营武官。

从《（光绪）贺县志》中的地图，我们不难看到，富贺营都阃府与儒学均处于桂花井的附近，该井的使用者首先为贺县的文、

桂花井井圈

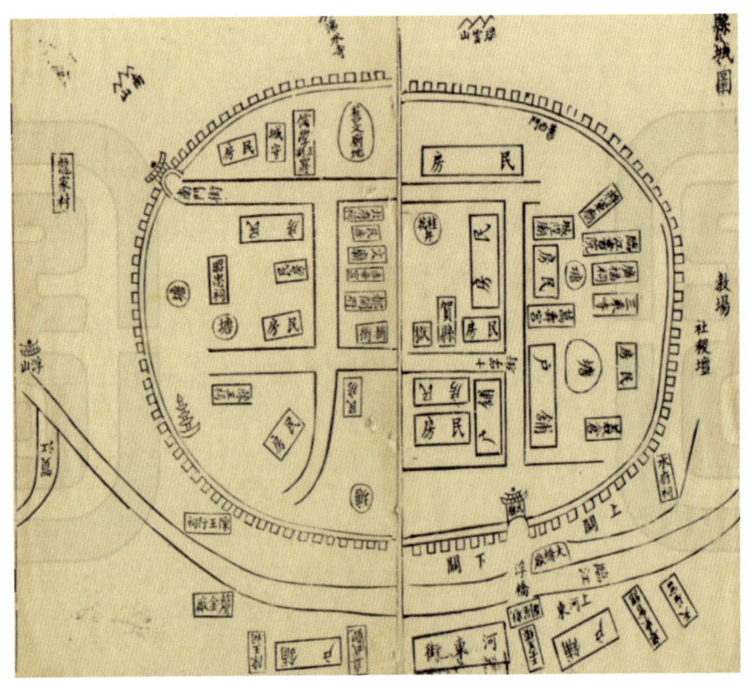

图片来源：《（光绪）贺县志》

武官员。因此，富贺营常千总倡修桂花井，实际上表明了桂花井的性质为官井。常千总倡率修井之后，遂有不少民众捐输。因修井花费不大，故捐助的金额也不大。在此基础上，我们需要细究的是，这些捐修的民众到底是什么身份？其为何捐助？

在当时贺街之内，有若干大姓宗族。同姓同族的居民多集中居住于同一片区。在桂花井附近聚居的有龙氏、莫氏及岑氏宗

嘉庆十六年《重修桂花井碑记》

族。如果按照常理，捐助的民众应以上述三姓为主。但在碑文捐助名列中，捐修者的姓氏远远超出了以上的范围。这一情况说明，桂花井并非由日常使用的民众所捐修，而是由与富贺营有着密切利益关系的商民群体所捐修。这些捐助的民众中，一部分为需要寻求军队庇护而主动捐助的商人，如“信士麦运升捐银一两正”，该笔捐助远多于其他民众，故应为商民的主动捐助。此外，许多民众则只捐助了一钱至三钱不等，数额甚少。此部分民众极有可能为官府摊派逼捐。

如果我们对富贺营稍加了解并不难理解这一情况。康熙二十一年（1682），朝廷裁撤富川营官兵，将其并入贺县，改为富贺营，驻扎在贺县城内，此为富贺营建制的由来。除贺县县城外，富贺营还分驻于泷水汛、桂岭汛，这两个地点均为重要的交通据点。富贺营控制着桂东地区来往贺县的商业道路。在清中叶以后，军队对地方社会商业的影响逐步增大，遂有商人寻求军队庇护。因《（光绪）贺县志》中阙失了嘉庆至道光年间富贺营将领名单，我们无法确认“富贺营都阃府杨”与“富贺营分府常”的具体名字。嘉庆十六年，武官倡修桂花井一事，从侧面证明了武官在地方公共事务中影响的逐渐增大，其需要通过控制具有文化景观意义的桂花井以确立自身的社会地位。

正如碑文所载：“《孟子》有云：‘人非水火不生活。’人岂一日外水火而生活也哉？”水井，作为传统社会中重要的生活资源，全息地投射出社会生活的各种细节。地处市镇的水井，其兴修并非仅仅出于保障民生的目的，更包含了官府与地方乡绅、商人在经济或政治利益上的互动。《重修桂花井碑记》反映的正是清中叶地方武官与地方民众之间的关系。

社与土主
——《道光十年祠亭碑》解读

明清时期，乡村社会逐步建立了大量社祠。一般而言，每街或每巷均有社祠，其为所在街、巷基本的民间信仰。社祠全息地投射出里甲组织的空间范围与运作机制。因此，读者要理解明清时期广西地区的里甲赋役制度，就需要了解社祠创建的过程。《道光十年祠亭碑》所揭示的正是明清时期乡村社会建立社祠的历史脉络。一般而言，目前广西各地现存的社祠碑刻中，较少有清楚说明"社祠"与"土主"之间的关系。而该碑的特别之处，就在于展现了两者之间互嵌的关系。

《道光十年祠亭碑》刻立于道光十年（1830），现存于贺州市昭平县黄姚新兴街的见龙祠内。见龙祠为新兴街社祠。新兴街位于黄姚的东边，原居民为客民，隶属一甲，故称为一甲东社。当地居民最早祭祀的对象为社坛土主，土主即现今仍存于社祠背后的天然巨石。换言之，新兴街居民最早的原始宗教为石头崇拜。东社一直未有社祠的建制，直至乾隆末年，新兴街内的梁姓宗族崛起，其开始创设社祠，祭祀福德神。在这一时期内，新兴街的居民仍清楚地区分社祠与土主，两者分别祭祀。但随着梁姓宗族地位的不断提升，其开始通过社祠的兴修不断重新整合新兴街社区。在此背景下，福德神的地位不断上升，土主的地位则日渐下降。至道光十年，福德祠与社坛最后合并为一。“遂创社殿与祠舍，相邻经营，不日聿观厥成，立社安神，此其始也！”

新兴街见龙祠的创设，并非简单以福德神为中心重新整合社区结构，其更包括了街内民众以见龙祠为中心，对周边空间环境的重新表述。撰文者梁善屏在碑文中写道：

……面壁铜鼓铜鼓岭，背屏真武真武山，蛇蟠江岸武山下有蛇龟并现，鱼戏河州鱼汕洲，半月横江带龙巩，双溪合唱铜钟水与锡巩水上分下合，龙楼摘斗尺木楼，龟首吞霞龟头墩，诸胜盈眸，一览会心，诚可供文人诗料，过客拈题。余也时隐竹听鸟旁多凤凰竹，或临川羡鱼前有宝珠川。

这一段表述清楚反映了梁姓宗族对新兴街风水的解释。这一话语直到现在仍然为街内民众口耳相传。需要解释的是，新兴街的风水话语从属于整个黄姚街的风水体系。在整个黄姚街的社区中，新兴街形成的时间最晚，其风水话语形成的时间大概在道光年间。因此，我们不难判断，黄姚街社区文化话语的构建应始于乾隆中叶，直至道光年间才基本完成。

道光十年见龙祠的兴修费用主要由三部分组成：第一部分为街内见龙祠首事的捐款；第二部分为醮会的捐助；第三部分为结

●《道光十年祠亭碑》（局部）

功金。在捐助名列中，捐助人数及金额最多的为梁姓族人，另有少数古姓及莫姓居民。在新兴街内，居民姓氏以梁、古、莫三姓为主，其中最多的为梁姓。捐款的结构充分反映了新兴街社区的居民构成。

其次，在捐助结构中，“首事”与“醮会”分别代表福德神与土主两个不同的信仰。土主崇拜有自己的醮会，而“首事”则是福德神祭祀组织中的领导者。在捐助的排序中，“首事”先于醮会，也说明了福德神的地位在道光时期已高于土主。

此外，我们需要注意的是“结功金”的来源。因首事及醮会的捐助金额不敷见龙祠修葺的开支，故三个梁姓乡绅再捐助一十五千文。因此，结功金的捐助更加凸显了梁氏宗族对见龙祠的控制。道光年间，黄姚新兴街梁姓族人通过合并福德、土主二神，修葺了社祠，为整合社区作出了自己的努力。正如碑文所说：“先王立社，必祭尊为土神。以其地能载物，有功于民，所以神明乎！”

在中国社会经济史的研究中，社祠与社坛是不可回避的基本问题。许多研究者很容易将福德神与土神混淆，或者将其视为同一神明。该碑的重要学术价值在于清楚揭示了宗族与“福德”与“土主”之间的关系。

从祈雨到团练

——道光二十年《道光庚子年重建文明阁新建魁星楼并建亭台碑记》解读

商业贸易的发展，并非简单取决于供需关系，而是包括了商业秩序的重整与商业机制的建立。这一过程，又往往依赖于商业沿路村落的整合。昭平黄姚街《道光庚子年重建文明阁新建魁星楼并建亭台碑记》反映的就是区域市场的发展对乡村联盟构建的影响。

该碑刻立于道光二十年（1840），现存于昭平县黄姚镇天马山山腰，主要记载了道光二十年从西坪到黄姚商路沿途许多村落合修文明阁的情况。该碑分为《重建文明阁碑记》与《墨香斋新尊神相并神龛碑》两部分。如读者对黄姚的区域位置有兴趣作进一步了解，建议将该碑结合黄姚街《道光乙巳年兴修接米岭并马鞍西□大路碑》研读。

乾隆以后，随着区域经济的发展，黄姚街内崛起了一批乡绅，不断通过宗族的建设巩固其在当地的地位。嘉道以后，黄姚街乡绅更逐渐成为了主导当地商业秩序的重要力量。道光二十年，黄姚街乡绅开始联合商道沿途村落，在黄姚以南二里的天马山重修文明阁。此为该碑刻立的背景。

黄姚街乡绅之所以选择天马山，原因在于当地人认为该山有着特殊的风水意义，天马山攸关宁化、文化等数里的风水。但需要注意的是，天马山风水的意义并非由士大夫创造，而是植根于当地女性的祭祀传统。因黄姚盆地水资源的缺乏，当地民众有祈雨的习俗。天马山山顶为黄姚街及宁化里的祈雨地点，仪式过程只有女性参与。每逢五月十三或者干旱时节，街内及附近村落的成年女性会在各埠年长女性的带领下登顶祈雨。参加仪式的女性登顶后，会在山顶插上象征北帝的七星旗，然后再举行祭祀仪式和祈雨仪式。仪式过程禁止男性参与。因此，由女性掌控的非文字宗教，有着比士大夫所掌控的文字宗教更久远的历史。

在乾隆以前，文明阁只是一座废弃的佛寺。乾隆四十五年（1780），黄姚街的古氏乡绅在天马山半山腰重修文明阁，主祀关帝，陪祀为观音。因此，文明阁是黄姚街乡绅整合邻近村落的祭祀场所。根据街内老人的口述，文明阁关帝实为山神，其实“职责”是镇守姚江流出文化里的水口。道光二十年，新崛起的莫氏鼎元公支乡绅与古氏宗族的乡绅再次重修文明阁，并以此组成乡村联盟。

在20世纪50年代以前，文明阁关帝保持着非常隆重的祭祀仪式，每三年的农历五月十三，关帝便会出巡，地点包括碑文中所提及的沙棠村、崩江、仁会寨、新丰寨、猪头岩、客堂墟、封门村、黄屋社、玉笋山、罗望东、见肚寨、西坪、白眉山、崩江、石塔墟、旺头山、北黎、东坪等村。这些村落大多分布于西坪到黄姚盆地各主要的隘口，是思懃江至黄姚盆地商路的重要据点。因此，《道光庚子年重建文明阁新建魁星楼并建亭台碑记》所投射的就是道光年间黄姚盆地商业网络的村落联盟。

关于重修文明阁的经济意义，碑文如是记述：

若夫楼阁重新，山川生色，所以妥神灵者于斯，所以培风水者亦于斯。从兹以后，农桑遍植于郊原，商贾安集于墟市。而且清淑之气，萃为人文。将见步蟾宫、题□塔，必有□□杰出，后先辉映而为王国之祯者，则斯阁之建，固凝里文建之隆替所攸关也，岂第供骚人逸士游览登临而已哉。

主导此次文明阁重修的为古、莫两姓宗族。古氏宗族的代表为古绍先，莫氏宗族的代表为莫霭然。因莫霭然的生平在其他碑刻解读中已有分析，此处故不赘述。关于古绍先的生平，《（民国）昭平县志》有以下记载：

古绍先，字述堂。关区黄姚人，恩贡生。性聪敏，读书日以千言，善属文，尤工音韵。咸丰四年，贼匪猖獗蹂躏乡村，绍先与团绅贝德义、汤新乾、李秉绅等设立公局于客塘墟，以维持地方。匪徒伏路捉人，见绍先来即避去。咸丰八年，发逆陈金刚以数万人据贺县，派伪司马陈金亮驻扎黄姚，擅作威福，任意杀戮，地方之人，得绍先救活者不少，非其德足感人，曷克臻此！

道光二十年《道光庚子年重建文明阁新建魁星楼并建亭台碑记》（局部）

从县志记载可知，古绍先的事迹主要为在咸同年间与各里乡绅联合组织团练，维持了地方社会稳定，是当地乡村联盟的重要领袖。此外，莫汝功是另一个需要关注的人物。《（民国）昭平县志》有以下记载：

莫汝功，字勋臣。关区黄姚人，岁贡生，才优识广。咸同间，县令吴国梁以地方多事，委为合邑团务总局局长，襄办团务。时黄姚三里粮项因世乱日久，实数难稽，里胥藉此舞弊，鱼肉乡民，地方受累不浅。惕然心伤，乃联合黄姚三里团绅古绍先、陈懋书、李秉绅等禀请县令，批准由团清丈，以除其害。地方赖焉。时同治二年也。

从材料可知，莫汝功最重要的功绩也是联合黄姚三里创办团练。需要指出的是，清末黄姚盆地乡村联盟组织团练的地点就是天马山文明阁。

因此，道光年间天马山文明阁的重修，既是区域市场网络发展下乡村联盟形成的体现，也是清末乡村联盟团练组织的基础。

由埠而社

——《道光二十三年岁次癸卯重建兴宁庙碑》解读

笔者在其他的碑刻文献解读中提到，社祠（福德祠）的建立与里甲制度的实践有着密切关系。但与此同时，这一民间信仰的建立又与地方原有的传统有着密切关系。如果不深刻理解地方社会中原有的传统，我们就很难理解社祠及里甲制度背后的多样性与复杂性。在实际的社区生活中，社祠并非一定以土地神的面貌出现，其往往会因祭祀群体地位的高低而呈现出差异。

《道光二十三年岁次癸卯重建兴宁庙碑》反映了黄姚龙畔街原有的传统及祭祀群体独特的地位。该碑刻立于道光二十三年（1843），现存于昭平县黄姚镇兴宁庙内。兴宁庙为黄姚龙畔街的社祠，故街内民众又称其为兴宁祠。在建筑规格上，兴宁庙似乎与黄姚其他街道的社祠并无差别，但其奉祀的并非土地，而是北帝。街内民众对此解释为龙畔街正对真武山，所以奉祀北帝。在黄姚街内，奉祀北帝的还有宝珠观，宝珠观为黄姚街的主庙。如果仅从信仰体系的角度分析，宝珠观北帝的地位似乎应高于兴宁庙北帝。但实际上，宝珠观北帝为兴宁庙北帝的分身，后者才是黄姚街的主神。造成这一情况的原因，为龙畔街的民众为古氏与莫氏，两姓居民为黄姚街内实力最强的大姓。因此，龙畔街兴宁庙所奉祀的北帝为整个黄姚街的主神，实际上是古、莫二姓族人地位的体现。因此，该碑的捐修人群主要为古氏天佑公支及莫氏鼎元公支。

此次重修的碑文如下：

兴宁一庙创自有明中叶，奉祀真武帝，保障一方，卵翼万民。其峻德丰功，不能具述。我朝乾隆庚午岁，乡先辈重建庙宇，并造石桥。自是香火□盛，威灵愈著。嘉庆丙辰春，淫雨不息，江水暴涨，座前亭宇被洪波摧圮。先君明经、卓庵公倡议重修，幸众擎易举，巨功告成，迄今历数十星霜矣！丹楹画槛，日渐改观，玉陛云亭，形咸失故。旧岁，古公良贤等有志修建，余亦欲承先志，彼此同心，遂设簿题签。合埠踊跃捐输，卜吉鸠工。数阅月，而殿阁亭宇焕然一新矣！其上下基址，率由旧制。神座比前拓深一尺有奇，以便安设宝龛。

其次，我们需要注意碑文中“埠”字的涵义。倡修的乡绅强调重建为“合埠踊跃捐输”，而没有使用“合社”一词。“埠”的使用，微妙地揭示了黄姚街社区更深层的结构。流经黄姚的溪流有三：珠江、兴宁河、姚江。在溪流之畔，存在着若干个“埠”，其既是民众洗衣取水之地，也是水观音祭祀的场所。一般而言，每一街区均有自己的“埠”，“埠”也是当地民众划分群体与社会结构的方式之一。“埠”比“社”更为久远。需要指出的是，水观音的祭祀群体主要为女性。明末以后，乡绅在“埠”的基础上创了“社”。这一过程实际上是民间宗教“标准化”及“正统化”的过程。在现今的社区生活中，民众仍然是混用“埠”与“社”的表述，只是后者的使用更为普遍，而“埠”的称谓更多只在女性中使用。

在碑文捐助名列的最后为“兴宁庙灯会”，“兴宁庙灯会”为兴宁庙埠头的祭祀组织。在灯会的名列中，有许多女性的名字，

《道光二十三年岁次癸卯重建兴宁庙碑》（局部）

这些女性均为乡绅的母亲或妻子。兴宁庙灯会是全村最重要的年度仪式，其包括游鱼龙与柚子灯漂流两大仪式。游鱼龙也是开春仪式，活动从正月初一晚上八点开始，前后持续约三个小时，仪式的过程为抬北帝在街内巡游。在游行队伍中，北帝神像在前，手持鱼龙灯的民众在后。柚子灯漂流仪式的时间为农历七月十四，其地点与游鱼龙仪式刚好相反，主要在溪流上进行。如果说游鱼龙仪式呈现的是居民在开春时节对水资源需求的观念，那么柚子灯仪式表达的则是孟秋时节居民对溪流鬼神控制的意愿。七月十四中元节当晚，村里的壮年男子会将兴宁祠的北帝安置在水轿上，让北帝在姚江上巡游。

因此，“兴宁庙灯会”实为掌管兴宁庙庙事的组织，这也是我们读懂《道光二十三年岁次癸卯重建兴宁庙碑》的关键因素之一。如果说社祠是里甲制度实践的结果，那么这一过程实际上也是非文字传统与文字传统、女性文化与男性文化文化层累的结果。

共修险道
——道光二十五年《道光乙巳年兴修接米岭并马鞍西□大路碑》解读

市镇的形成，往往与新道路的修筑有着密切关系。在传统时期，重要商道的修通并非易事，需要官员、本地绅商及客商的通力合作。因此，商道的修筑碑多能反映地方商业网络变动中的官绅及官商关系。昭平黄姚街的《道光乙巳年兴修接米岭并马鞍西□大路碑》正说明了道光年间府江中游地区新商道修通过程中的官绅共谋关系。

《道光乙巳年兴修接米岭并马鞍西□大路碑》刻立于道光二十五年（1845），现存于贺州市昭平县黄姚镇黄姚街宝珠观内。

黄姚街位于昭平县东北70公里处，群山环抱，与外界的交通极为不便。清中叶以前，黄姚与昭平县城的交通道路为先向东北走陆路经界塘圩出同古，再沿思勲江水路向西抵达昭平县城。这一路线绕道数十里，甚为不便。清中叶以后，随着黄姚街的崛起，街内宗族势力开始商议修筑西线道路，翻越马鞍山接米岭后直抵思勲江畔的西坪。关于接米岭的情况，《（雍正）平乐府志》有以下记载："接米岭，在文化里凤立村后，极险峻。"因此，修通黄姚至西坪的道路工程浩大，需黄姚街乡绅与官府、客商的通力合作。

关于此次修路的重要性，碑文如是写道：

龙平，岩邑也。所属地方多崇山峻岭，其最险而尤著者，莫过于土名接米岭，在邑之东南方，离城百里有奇。其岭绵亘数十里，深谷高崖，羊肠鸟道，车不得方轨，马不能纵驰。纵杖策优游，犹刻刻凛临深履之虞，而况其为负荷往返者。且地当孔道，为凝、文、招、建龙二伍各都里赴邑郡、趋省城必由之路。余昔年钦奉简命，来宰斯土，因见公亲历险途，目击征夫困苦，行旅艰难，久欲劝捐修治，以便行人。嗣蒙大府以异最特疏题荐，奉旨入觐枫宸，有志未逮。后复重莅兹土，而岭道险危如故。康庄未辟，岂天险之难平欤？抑亦人工之未尽也。

此次新路修通的发起者为黄姚街的乡绅莫霭然。莫霭然为莫氏鼎元公支的族人。黄姚街内有九姓居民，分为林、莫、梁、黄、古、劳、吴、郭、麦。在九姓之中，以莫、古两姓宗族的势力最为强大。而在莫氏中，又以鼎元公支的实力最强。关于鼎元公支的情况，黄姚《莫氏族谱》有以下记载："鼎元公（十五世祖）于前清初从广东古劳（属高明县）迁入广西昭平县黄姚镇黄姚街山根居住。鼎元公配古、彭二夫人，育二子，长子贤智，次子贤敬。"鼎元公支崛起于乾隆年间。从乾隆年间至20世纪，莫氏鼎元公支一直是黄姚街实力最强的宗族支系，也是黄姚及宁化里公共事务的主导者。

莫霭然为鼎元公支十八世祖莫廷相之孙（第二十世）。莫廷相生家驹、家成二子。莫霭然为莫家成长子。黄姚莫氏许多族人的生平均被《昭平县志》所记载，但《昭平县志》对莫霭然的生平未有记载。造成这一状况的原因为《昭平县志》分别修于乾隆及民国时期，而莫霭然主要活跃在嘉道年间。《（民国）昭平县志》重点记载太平天国以后至民国初年的情况，故未有收录莫霭然的生平。

在捐助名列中，莫氏鼎元公支的家驹、家成二房最为关键，而其中家成房更是主导者。家驹房只有“莫泰然携弟坦然捐钱六十千文”。但家成房出现在名列中的有莫汝功、莫汝良、莫汝贤及莫汝霖等四人。通过族谱与捐助名单的比勘，我们可以清楚了解到鼎元公支家成房在黄姚宁化里的权力地位。莫家积极修通接米岭道路的重要原因，在于这一时期的黄姚已经成为当地的市场中心，商业贸易（包括盐运）为莫家的重要收入来源之一。

另外，碑文中有一笔捐款尤其值得留意：“昭平□□潘继兴捐钱十千文。”潘继兴即十三行行商潘仕成。潘仕成的身份颇为特殊，其不仅行商，也是临全盐埠的总商。潘氏在平乐府及府江流域的盐务中多用“潘继兴”一名。潘仕成的参与捐助与这一时期临全埠的变革有着密切关系。在道光末年以前，临全埠的总商为李念德。道光中叶以后，李念德因亏欠饷课而走向衰落，临全埠遂由潘仕成接管。接管李念德的盐业后，潘仕成开始不断通过捐

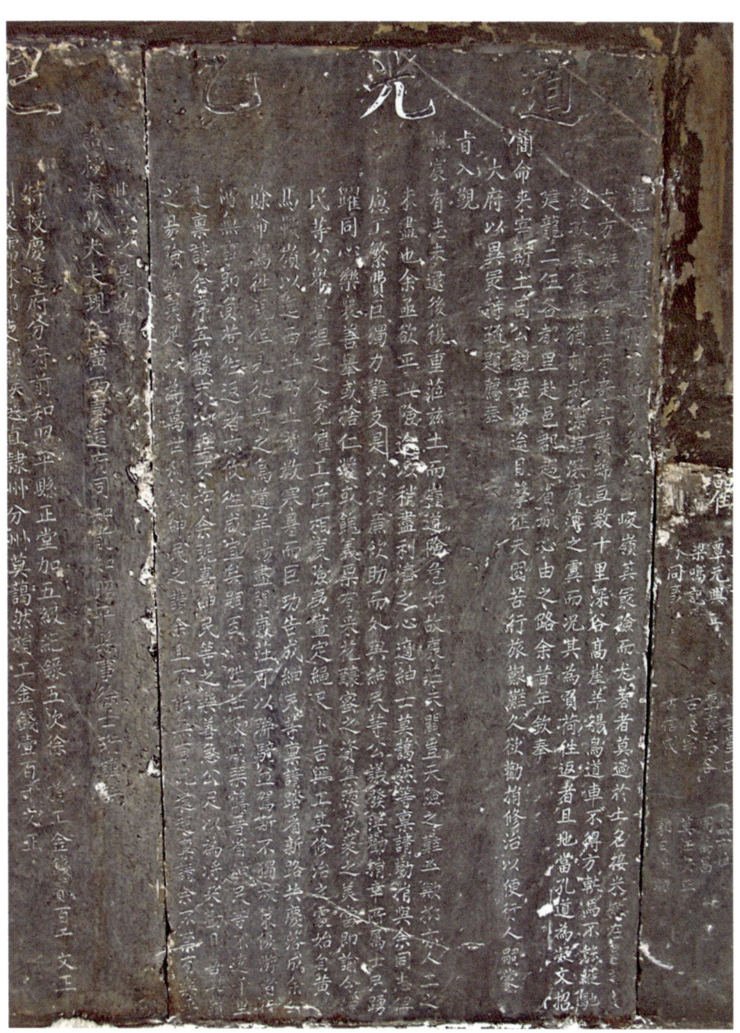

道光二十五年《道光乙巳年兴修接米岭并马鞍西□大路碑》（局部）

助、参修各县各乡的公共事务，以巩固临全埠的盐运收益。潘仕成的捐助也从侧面说明，黄姚是临全埠销盐的重要据点，故潘仕成与以莫靄然为首的黄姚街乡绅有着密切的关系。

英家的捐助也需要我们注意。“英家福裕当捐钱二十千文”，福裕当是英家商人在黄姚街开设的当铺。在碑文的捐助名列，有大量商铺名字，而福裕当的排位最前，捐助亦为最多。因此，可以判断福裕当为道光末年黄姚街内实力最为雄厚的商户。同时，在这一时期英家应为黄姚的上级市场。但有意思的是，正是接米岭道路的修通后，英家开始逐步衰落，黄姚则成为了当地最重要的市场集镇。

借驻市镇与改变风水

——《光绪二十年甲午重修宝珠观壁背并通宝珠山碑》解读

在传统社会时期，王朝国家多通过市镇实现对周边乡村地区的管治，包括巡检司在内的官僚机构多驻扎于市镇。而在一些控制薄弱的地区，政府则将衙署驻扎在邻近市镇。

《光绪二十年甲午重修宝珠观壁背并通宝珠山碑》反映的就是樟木林巡检分司驻扎黄姚街的情况。该碑刻立于光绪二十年（1894），现存于贺州市昭平县黄姚街宝珠观内。该碑的内容为官绅联合修通宝珠观壁背及通往宝珠山的道路。宝珠观为黄姚街的主庙，奉祀北帝。在宝珠观的背后，有一座小石山，名曰宝珠山，宝珠观因该山而得名。宝珠山为黄姚街的名胜之一，平时为官绅游玩之地。此为官绅合捐重修宝珠观壁背及通往宝珠山的道路的重要背景。

该碑最值得注意的地方是樟木林巡检分司的捐修。该分司并不管辖黄姚，其管辖的范围是黄姚南边二十余里的樟木林。捐助名列中的“钦加理问衔特授昭平县樟木林分司叶”，指光绪二十年（1894）的巡检叶衍龄。樟木林巡检分司并不驻扎在樟木林墟，而是驻扎于黄姚街宝珠观旁。道光十六年（1836），清政府在樟木林墟设置了樟木林巡检分司。但颇为讽刺的是，因当地“匪患”严重，樟木林巡检分司无法在当地立足。数年之后，该司被迫移驻至邻近的市镇——黄姚街。迁署之后，樟木林分司在黄姚街内并无专门的办公地点，其先是租借古氏宗族的房产，后再迁至宝珠观旁的准提阁办公。因此，处境颇为尴尬的樟木林分司官员需要通过参与修宝珠观壁背等地方事务，以获得在黄姚街的一席之地。

至清末，王朝政府对府江中游地区的许多村落仍然缺乏有效的管治。在此背景下，其只能将相关的衙署设置于邻近的市镇。这一模式一方面折射出晚清政府治理乡村地区的困境，另一方面则体现了市镇在王朝政府治理体系中的作用。

该碑第二点值得注意的地方，是在清末市镇经济发展的过程中，新的宗族势力开始出现。咸同以后，黄姚街内的劳氏、梁氏宗族日渐强大，在地方公共事务中的参与度也不断提高。在此次宝珠观的重修中，劳、梁两姓乡绅为其中的主导力量。新崛起的乡绅群体，对原有的风水话语表现出“若即若离”的暧昧态度，故其在碑文中写道：“风水之说，岂可过泥，又何必尽非？”笔者在黄姚街的其他碑刻解读中曾介绍，风水话语的叙述在黄姚街内极为重要。强势宗族往往会改变原有的风水话语以确立自身在街内的地位。旧有的风水话语是为原权力主导者所构建及运用，新的权力精英既不能彻底否定，也不能完全接受，故只能表现出暧

《光绪二十年甲午重修宝珠观壁背并通宝珠山碑》（局部）

昧的态度："时喜谈风水家，遂有填实不美之论，其后不旋踵而地方果有不测之虞。是风水似不可尽非也！抑知世之盛衰关乎气运，人之兴替只论心田。诚方懋厥德，自罔有天灾矣！又何风水之足泥耶？"这一看似矛盾的论述，折射的正是新权力群体崛起后在文化话语方面的困境。

该碑另一需要留意的地方，是捐助名列的最后部分蚕丝局的捐助："蚕桑局助工金钱一十五千"。清末以后，广西各地政府开始劝谕实业，以振兴地方经济。其中，地方政府尤其重视农桑丝织业，故不少县份成立了桑蚕局。而之所以出现此情形，主要是受广东影响之故。清代，珠江三角洲蚕丝业极为发达，成为地方经济的重要来源之一。在此背景下，广西各地开始纷纷效仿，尤其桂东地区各县份，官府成立了蚕桑局，与当地乡绅联合发展蚕丝业。桂东地区所产的蚕丝虽质量及不上珠江三角洲地区，但是仍以低廉的价格抢占了一定市场份额。虽然缺乏进一步的材料说明昭平县桑蚕局的具体运作，但从其捐助数额位列榜首的情况不难判断，蚕丝行业已具备了一定规模，黄姚地区的许多农民及手工业者或已被卷入到这一行业中。

因此，《光绪二十年甲午重修宝珠观壁背并通宝珠山碑》展现出了晚清桂东地区市镇的困境与商机。

修路先驱关冕钧
——民国二十二年《关伯衡先生墓碑》解读

清末，中央政府开始推行立宪新政。其中，出生于广西梧州的官员关冕钧为新政的重要参与者之一。从研究现状看，学界目前对广西官员参与立宪新政情况的了解仍十分有限，而《关伯衡先生墓碑》正是我们了解这一情况的重要碑刻文献。

《关伯衡先生墓碑》刻立于民国二十二年（1933），为关冕钧的墓志铭，原立于梧州市长洲区长洲镇的关冕钧墓旁。现存于中共梧州地委广西特委旧址陈列馆大院内。

关冕钧（1871—1933），字耀芹，号伯衡，广西梧州市长洲岛人，祖籍广东高明井溢村。在清代民国时期，关冕钧家族为长洲岛的大族。关冕钧之父关广槐在其七岁时考取了进士。关冕钧深受其父影响，从小就受到良好的教育。值得注意的是，关父并没有将儿子送至当时的广西省城桂林求学，而是让其就读于广州城。这一求学路径的选择，无疑与西江流域的商业贸易网络及语言文化有着密切的关系。

在墓志铭中，撰文者重点强调了关冕钧的师承关系。关冕钧受学于南海县大儒简朝亮，简朝亮为清代广东著名学者朱次琦的弟子。这一师承关系使得关冕钧与广东的士大夫、官员及商人交往极为密切，甚至许多对时局颇具影响的精英均与其同门受学。正是关冕钧在广东地区的社会关系网络，为其后来的政治生涯奠定了重要的社会基础。

光绪十九年（1893），关冕钧参加了在桂林城举行的乡试并考中举人。翌年，赴京城参加“恩科”会试，中进士。1904年，慈禧七十大寿，朝廷为此举行“恩科”考试，关冕钧担任了主考官。此次考试也是中国历史上最后一次科举考试。

1905年，关冕钧随戴鸿慈、端方出国考察宪政，是为清末著名的“五大臣出洋”。关冕钧之所以能出国考察，关键在于戴鸿慈、端方的举荐。戴鸿慈（1853—1910），字光孺，号少怀，晚号毅庵，广东广州府南海县人，时任军机大臣。因关冕钧祖籍广东，且长期在广州读书，故其虽为桂籍，但实属粤籍官员的派系。端方是中国近代铁路建设的重要推动者。考察归国之后，端方推荐关冕钧协助南海人詹天佑修建京张铁路。碑铭的撰文者叶恭绰将此事作为关冕钧生平的最大功绩书于文中。在论及五大臣出洋一事时，叶恭绰仅仅提及了戴鸿慈、端方的原因亦在于此。

关冕钧墓志铭的撰写者为叶恭绰。叶恭绰（1881—1968），字裕甫，号遐庵，广东番禺县人，祖籍浙江余姚。中国近现代学者、书画家、社会活动家。叶恭绰为清末举人，曾入京师大学堂仕学馆，后留学日本。曾于1912年任北京政府交通部路政司司长兼铁路总局局长，后任中央银行董事，1920年至1922年任交通总长。

● 民国二十二年《关伯衡先生墓碑》（局部）

叶恭绰原籍广东及在交通部任职的履历，说明其与关冕钧有很深的交往。

在墓志铭中，叶恭绰还重点概括了关冕钧在古玩鉴别与收藏领域的成就。这一记述充分反映了晚清民国时期广东文人士大夫的品味及交往方式。在清末民初时期，出身于晚清旧学的广东文人士大夫有着较高的艺术造诣，甚至形成了影响深远的“岭南画派”。这一士大夫群体以艺术与古玩作为身份认同与群体交往的重要标准。关冕钧、叶恭绰在这一领域的共同爱好充分证明了这一情况。

《关伯衡先生墓碑》可以让碑刻研读者深刻了解到晚清民国时期西江流域、两广之间的文人交游网络与交往方式，以及这一社会网络如何对晚清民国时期中国的现代化进程产生重大影响。

修埠铺路
——民国二十七年《鼎建梯云水埠兼两旁大路记》解读

清末民初，受地方政局动荡的影响，广西许多繁荣的圩镇不同程度地出现萧条的状况。二十世纪三十年代初，新桂系军阀崛起后，广西地方社会渐趋稳定并进入了快速发展阶段，圩镇经济亦由此得到短暂的繁荣。《鼎建梯云水埠兼两旁大路记》反映了在民国初年地方社会动荡的背景下，扬美圩修埠铺路的曲折经历。该碑刻立于民国二十七年（1938），现存于南宁市江南区扬美古镇梯云水埠旁。梯云水埠为扬美八大码头之一。

扬美圩在明清时期属南宁府宣化县管辖。民国以后，宣化县改为邕宁县。明清及民国时期，扬美圩是左江流域最为繁荣的商埠，也是宣化县与崇善县（今崇左市）之间的中转市场。经过扬美向左江上游转运的物资以南宁的为大宗，宾州次之，商品种类以纱纸、线面、草席、烟叶等杂货为主。

相传扬美最初由罗、刘、陆、李四姓建造，名曰“白花村”。北宋年间，狄青“平蛮”后，扬美逐渐繁荣，遂易名“扬溪”，后来再更名“扬美村”。扬美当地人认为，其祖先就是彼时从山东迁移至此。明清以后，随着长距离贸易的发展，扬美成为了左江流域最为繁荣的商埠之一。关于扬美的繁荣，民间一直流传着“大船尾接小船头，南腔北调语不休。入夜帆灯千万点，满江钰闪似星浮”的说法。与西江流域其他圩市不同的是，粤商在该圩并不占主导地位，该圩主要由本地的土著力量所控制。

《鼎建梯云水埠兼两旁大路记》实际上由两篇碑文组成。第一篇碑文由邕宁县知事邓沁撰，本地乡绅书，第二篇碑文则为本地梁姓乡绅撰、书。

碑记的重点在于第二篇碑文。根据碑文记述，梯云水埠原本并不在现今的位置。原地理环境存在危险，“梯级埠之危险且顺水”，并不利于船只停泊。在此种情况下，在当地有一定的社会地位和影响力的前清武生梁祖邦，曾经尝试与众人商议重修这个危险的埠头，但最终由于某种原因未能成功实现。民国四年（1915），梁祖邦之昭弟梁运德再次倡议改建梯云埠，“谋于众，立案改建之，另择地基，势取逆水以广进财源”。竣工之后，梁运德希望进一步铺设水埠两旁的道路。其原因在于，虽然已经建设了梯云埠，但石龟堂附近连接梯级的道路非常险峻狭窄，故梁运德希望当地的绅董利用余力对道路进行改建。其构思的梯云水埠改建道路布局的特别之处，在于上下梯级分为男、女二道，“直而室者，为男途，曲而隘者，为女途。男女分行，办法最善”。水埠梯级陡峭，货物上下搬运不易，故男、女分道，以便通行。但随后政局大变，地方“匪患”严重，梁运德亦避居南宁，一直未能返乡，故修路一事因此搁置。民国壬戌年（1922），地方平定，

民国二十七年《鼎建梯云水埠兼两旁大路记》

梁运德得以重回扬美，梯云水埠两旁道路的铺设工程也因此才得以竣工。

碑文中提到，梯云埠是由社神而非庙宇来管理的，并且这种管理方式一直延续至今。梯云水埠修建工程前后历时十八年，过程颇为周折。在竣工立碑时，亦因地方长时间的动乱，捐助芳名册已遭焚毁。故该碑特别之处在于，其并不像其他的修缮碑记在碑后列明捐助芳名及具体数额。梯云水埠修建的曲折，充分反映了在地方社会动荡的背景下，地方精英逐渐失去了对圩市的主导权。梁运德的家族为扬美大族，族内世代有人考得文、武科举的功名。梁氏家族实际上是扬美圩的控制者之一。民国初年，左江地区军阀割据、“匪患”严重，地方精英在圩市的权力受到严重挑战。正因如此，才出现了梁运德长期避居南宁的情形。

梯云水埠最后的竣工，主要得益于二十世纪二十年代初新桂系主导政局后地方社会渐趋稳定。1921年，陆荣廷通电下野，旧桂系势力瓦解，新桂系控制了左江地区。新桂系主张地方自治，重新确认地方精英在基层社会的权力。正是在这样的背景下，梁运德才能重返扬美圩，完成梯云水埠工程。作为扬美古镇最重要的码头之一，梯云水埠见证了古镇的繁荣与发展。其所包含的历史文化内涵，对左江地区的社会生活产生了重要的影响。

此碑刻立之时，已是民间社会使用碑刻文献的尾声阶段。在传统乡村社会中，碑刻文献不仅是重要的纪事方式，更是社会运作不可或缺的内容。民间碑刻文献背后所蕴含的权威，是基层社会权力秩序重要组成部分。二十世纪以后，随着新的社会秩序的建立，碑刻虽然还存留于日常生活之中，但这一文献形式已不是基层社会运作机制的必要文化形式。

土地交易与经营

祖先有其田
——顺治十年《黄姚九甲山场土名开列碑》解读

明清鼎革时期为广西地方社会转型的重要阶段。在这一时期，因为原有权力秩序的瓦解及正统权威的阙失，乡村社会长期处于“不明不清”的阶段。对田产的控制亦在此时成为社会生活中矛盾的焦点。《黄姚九甲山场土名开列碑》记载的内容为明清鼎革时期乡村社会中民众控制田产的方式。

兹抄录碑文如下：

各姓安居集福门内，始免危难。惟是沧桑世变，势非易卜。用集各姓耆老公同议定，所有前人永远掌管伙食。山场五处概九甲内樵牧山场，系各姓子孙世守，诚恐土客杂处，日久湮没，无所考据，用泐诸石，以垂永久云。

计开

黄姚九甲山场土名恕列

石栏口　道洞龙冲　绿叶冲　山塘冲　山巢冲

耆老

古郭镇　梁云　伍苍碧　劳兴佐　宋贵宾　梁仕通　邓九锡
伍林绍　伍君厚　古国邑　邹恩保　陈悦亭　孟万贵　伍苍生
等仝刊
天运癸巳年冬月吉旦同议于集福门

碑文以天运作为纪年方式，时间落款为天运癸巳年，因此需要注意其对年号的使用。一般而言，乡村社会刻立的碑刻多以皇帝年号作为纪年方式，如万历、康熙等。但该碑并没有使用皇帝年号纪年。出现这一情况的重要原因在于，当时黄姚地区仍处于政权更迭的时期，“不明不清”，形势尚未清晰。因此，民众以天运年号的方式避讳皇权的正统性问题。根据“癸巳年”的记载，我们可以推算该碑立于顺治十年（1653）。碑刻现存于贺州市昭平县黄姚街安乐祠内。所存立处安乐祠为黄姚街内现存最早的庙宇，该庙的建立与明隆万年间府江地区的大征有着直接关系。原碑没有碑名，为读者研读方便，笔者取名为《黄姚九甲山场土名开列碑》。

该碑刻撰的字体并不工整，书写的格式、体例亦不尽规范。这一情况反映了黄姚街当时的勒刻水平仍停留在较低的层次，与当地在乾隆以后较高的碑刻水平形成鲜明的对比。读者在研读碑刻时，不仅需要注意碑文的内容，也要注意碑石勒刻的水平。《黄姚九甲山场土名开列碑》勒刻水平的欠缺，说明黄姚在明清鼎革之际仍没有建立文字传统。文字在当地社会仍没有被广泛使用。但正因如此，该碑反映了黄姚社会结构转型的复杂信息。当地的军户开始通过文字的使用以达到控制田产的目的。文字成为了社会权力秩序的重要表达方式。康熙以后，黄姚的各大宗族不断通过科举制度，强化其在地方社会的权力地位，当地碑刻的勒刻水平也随之大为提高。

隆庆年间，为打通府江航道，明政府大征府江，以期将当地的民众整合在王朝国家的权力体系之内。万历四年（1576），朝廷设立昭平县，此后昭平地区的民众开始逐步成为编户齐民。万历年间，黄姚街为小营，属千户李道清管辖。李道清为昭平县水岩村人。当其时，“匪首黎天龙啸聚党类于五指山之岩峒，屡为民患”，李道清率兵平定“匪乱”。因此，黄姚街最早的居民为李千户所辖的军户，安乐祠现今仍奉祀李道清为主神。

碑文内容主要强调在“集福门”内各姓民众对黄姚山场的控制与管理。“集福门”内即指小营的范围，该名在清代以后的文献中已不可见。这一情况说明黄姚街的空间结构与群体组成在清代发生了巨大变化。“所有前人永远掌管伙食”，说明山场的产权为祖先所有。在明清鼎革、里甲制度崩溃的前提下，地方的民众开始以祖先的名义控制田产。这一控产方式的出现成为了入清以后黄姚街宗族建设的基础。尤其在乾隆以后，黄姚街的宗族均以祖先的名义控制着大量田产，各姓乡绅成为了主导当地社会的权力精英。

在碑文中，一共提及了古、梁、劳、宋、邓、伍、孟、陈、邹等九姓。但至乾隆以后，宋、邓、伍、孟、陈、邹等六姓已经不知所终。古、梁、劳则成为了街内的大姓。需要指出的是，姓氏的变动反映的是黄姚街的社会结构在清初至乾隆年间发生了巨大变化。此外，各姓乡绅尤其担心“土客杂处”，导致田产“日久湮没”。这一情况则说明了当时的社会结构并不稳定，大量的外来人口（即“客人”）进入当地，引发田产纠纷。如果翻阅《（乾隆）昭平县志》，我们不难发现这一说法并非无稽之谈。客人与土著之间的田产纠纷随处可见。这一纠纷贯穿于清前期，是当地社会最重要的矛盾。

顺治十年《黄姚九甲山场土名开列碑》

断入官产

——乾隆五年《忠孝祠田产碑》解读

从康熙至乾隆中叶，广西各地不断出现田产纠纷案。在各类田产纠纷案中，尤其值得注意的是对官产的断定。对于此类案件的阅读，可以帮助我们理解清初地方官产如何断定。该碑刻立于乾隆五年（1740），为笔者于2017年采于贺州市贺街镇粤东会馆内。此碑原无题名，为研读方便，笔者取名为《忠孝祠田产碑》。

《忠孝祠田产碑》记录了乾隆初年地方乡绅侵吞官产，地方官府将之重新断为官产的情况。从碑文的记载可知，贺县生员苏勋、麦昊王、罗绣炽等地方乡绅争夺官地引发了纠纷，状告到官府。苏勋等人为县学的生员，在地方社会中具有一定的身份与地位。贺县生员苏勋、麦昊王、罗绣炽所争之地为大会圩汛产，属官产性质。三人将状纸呈到广西巡抚处，平乐府及贺县官员最后根据巡抚批示作出裁决，裁定该地为官地，没入忠孝祠并成为忠孝祠的庙产，作为香灯祭祀田。此外，该案于判决后立碑两块，一立于桂岭忠孝祠，一立于贺县明伦堂内。同时，于氏宗族有三人在案件中协助苏、麦、罗侵吞官产，影响了案件判决，故巡抚判定于常健、于九象、于振纪三人（此三人为善华村于氏宗族族人）不得再过问此案。

该碑碑文如是写道：

贺县正堂加三级纪录三次晏，为庠棍谋占古墟、贪师受贿矫制等事。乾隆五年三月初六日，奉署理广西平乐府正堂思恩理苗分府加三级纪录四次王信牌。乾隆五年二月三十日，奉抚部院安批：详该县生员苏勋、麦昊王、罗绣炽等告争古墟以及李弊等款。奉批：大会墟既据汛系官地，仰即照断，永归忠孝祠收租，以供香灯祭祀。于常健、于九象、于振纪，不得再行过问。致于褫革重究取，具遵依报。查苏勋等污蔑师长，□君璧挟仇妄证，均属刁健发学，严行戒饬。学书门斗册结报喜陋例，严饬禁革。余俱如详免议销案等因。

关于该案，有些许细节需要我们作深入的考究。首先是忠孝祠的地点。忠孝祠并非在贺县县城，而是在桂岭圩中，为当时桂岭圩的圩庙。在明末清初，桂岭为桂东北地区的市场中心，区域位置十分重要。到清后期，其区域地位才有所下降。清初桂岭地区的乡绅拥有雄厚的经济实力，使其能状告官府，试图侵吞官产。此为该案发生的重要条件之一。

其次，是汛塘制度的衰落。明天顺以后，因地方动荡不断，明王朝在桂岭地区开始设立卫所以管辖地方。入清以后，清政府又在各交通据点设置了大量的汛，由汛兵负责把守，以此确保地方交通的畅顺。其中，清政府在桂岭圩设立桂岭汛，管理潇贺古道。但汛塘制度的效果并不理想。康熙末年以后，汛塘制度逐步走向衰落，并由此引发了大量的田产纠纷案。原来拨给汛兵耕种的土地亦开始变为地方豪强、乡绅争夺的焦点。地方的豪强、乡绅希望通过各种手段，霸占数量庞大的官产。

从案件的裁决流程可以判断，苏、麦、罗三人首先已经状告到贺县及平乐府。败诉之后，三人继续上告至广西巡抚。最后上告至巡抚的情况，一方面说明了三人雄厚的经济实力及其在地方社会的影响力，另一方面则说明该案意义重大，最后需要由巡抚作出裁决，以防他人继续效仿。

广西巡抚的裁决，反映了地方各级官府试图重新控制官产的努力。其背后实际上体现的是官府与地方豪强的博弈。该案结案后刻立的两通碑，现仅存贺县旧县城的一通，该碑为明伦堂拆毁时由博物馆工作人员搬至粤东会馆之内。而存于桂岭圩的碑刻则已不知去向。正是此次案件中地方豪强的败诉，导致了桂岭地方社会开始出现宗族建设的浪潮。各地的乡绅开始重新讲述明代祖先的故事，结成乡村联盟，进一步巩固其对基层社会的控制。同时，这些乡绅通过科举获得功名与文化权力，以此与官府进行博弈。

清初，地方豪强崛起，逐渐掌握了地方权力，不断利用手中的权势侵吞官产，以此为手段积累财富。该碑所记录的案件，折射出了当时官府与地方豪强之间的博弈。

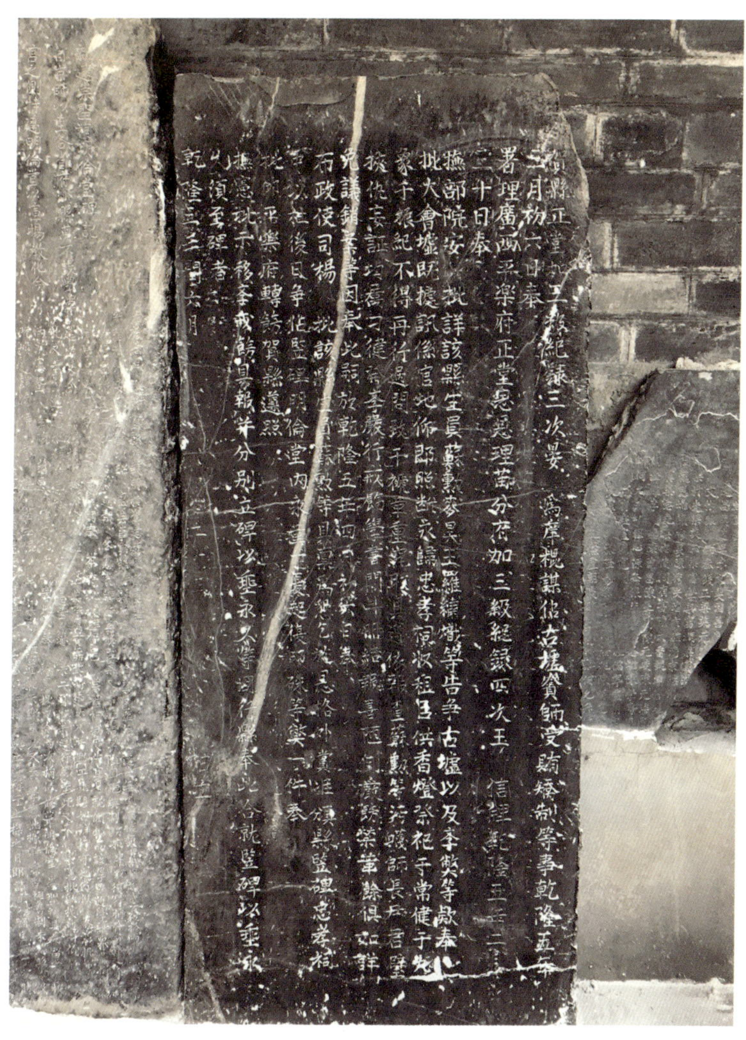

乾隆五年《忠孝祠田产碑》

买地建馆
——乾隆三十九年《广东会馆买地契约碑》解读

有清一代，大量粤东商人到广西各地开设圩市、从事贸易活动。粤商在广西营商，最大的障碍为没有当地户籍。因没有户籍，粤商在购置土地后，既无法在地方官府完成土地登记，也无法承担相应的赋役。

该碑刻立于乾隆三十九年（1774），现存于钟山县英家街粤东会馆内。此碑原无碑名，为研读方便，笔者命名为《广东会馆买地契约碑》，该碑主要记载了粤东商人购置土地的过程。

英家街在清代属昭平县管辖，位于府江支流——思勤江的上游，是思勤江流域最大的圩市。民国五年（1916），钟山设县，英家所属的昭平县防字区被划入钟山县管辖。

乾隆以后，在思勤江流域从事贸易活动的粤东商人不断增多。这些商人的籍贯以南海、顺德两县居多。乾隆中叶，随着贸易规模的增长，南海、顺德二县商人开始联合创设会馆，故“顺邑周焕明、南邑董澄汉等用价与其买受，公议建造”。周焕明、董澄汉分别为顺德及南海二县商人的首领。在购置会馆土地的过程中，南海、顺德二县商人一方面强调合作以获取更多的经济利益，但同时又微妙地区分彼此的身份。碑文对二人籍贯身份的强调，实际上是凸显此次置地为两个商帮群体的合购。

购置会馆土地的费用主要为铺客所捐。当时在英家街的粤东商人主要有两大群体，一是没有在英家街定居的铺客，二是已经在英家街定居的粤人。前者仍频繁往来于两粤之间，故有兴建会馆的需求。后者则已在英家街落地生根，虽仍有广东人的身份，但与广东的联系已经较弱，故没有参与兴修会馆的热情。“东省铺客捐出，而在此家居者不与”，就是这一现象的体现。

根据该碑的记载，粤东商人在土地的购买中支出地价银为一百零五两正，纳税银为二十两正，合计一百二十五两正。换言之，一百零五两为购地费用，但因粤东商人在当地没有户籍，故不能完成土地过户交割，土地仍然登记在原地主廖姓叔侄的名下。因此，粤东商人多付二十两税银作为生息银，以支赋税之需。因此，粤东商人为“地皮”所有者，廖姓叔侄则拥有“地骨”。为避免日后纠纷，广东商人把此桩交易刻于碑上，并立于会馆之中。

事实上，在清代广西的不同地方，粤东商人多以购得“地皮”的形式获得土地的使用权，而土著仍为“地骨”所有者，负责向官府缴纳粮差。因此，立碑的情况也从侧面说明了当地社会关系较为复杂，客商与土著之间的纠纷颇为常见。

从卖方的情况来看，该地应为廖姓宗族的族产。碑文中写道：“地契人系玉玻廖纯洵、纯潜、纯溥，侄成德、品德、楚德，

乾隆三十九年《广东会馆买地契约碑》

侄孙当泰等。今因丁众族繁，不便分管，兄弟叔侄集议，情愿将祖遗下土名英家街七甲铺尾，东至石墙为界，有雷文凤、李东英二间铺尾不在内，西至大路心石桥一直为界，南至圳心为界，北至墩后尖角路边界石为界，四至明白，请中谭文龙送至广东客人首事周焕明、董澄汉、钟有朋、陈作明众等承买。”此段记述说明，廖姓宗族内部关于土地的利益极有可能发生了纠纷，“不便分管”，故最后决定将土地卖与广东商人。

值得注意的是，双方在契约中清楚注明该地并无坟墓。在当时，许多土地交易之后，土著又往往以该地有祖坟为由，与客商发生纠纷并废除契约。故粤东商人在契约中强调此点，清楚说明了该地主要用以兴建天后宫，廖姓族人不能节外生枝。

关于广东商人如何在广西购置地产，学界一直因文献的缺乏而无法作深入研究。而该碑的内容，则可以让我们清楚了解广东商人在广西如何实现了“在地化”。

商神有田

——嘉庆十七年《祀田碑记》解读

在广西各地的交通要道，地方民众多会奉祀军事色彩浓厚的商业神明，以保佑商业的顺畅。民众会以捐赠田产的方式，确保自己在商业据点的利益。《祀田碑记》记载了清代昭平地区民众将田产捐予商业神明的情况。

该碑刻立于嘉庆十七年（1812），现存于贺州市钟山县英家镇五将庙内。该碑因风雨侵蚀，已有部分字体剥落，不能辨认，但碑文的整体结构仍较为清楚。因英家镇为桂东地区重要的商业枢纽，故笔者特将其收入本卷并作解读。

英家在清代属昭平县管辖，地处南岭山脉中段，是府江支流思懃江通往桂东北的重要交通枢纽。英家五将庙祀五将神，为当地最重要的庙宇，位于英家隘口的城关之上。五将是桂东府江中游地区及思懃江流域流传范围最广的民间信仰。根据《昭平县志》记载，五将为金、银、梅、刘、柴等五人。相传五人为玉林人，宋时宫廷火灾，五将救灾有功，但不受赏。五将回广西后，以营商为生，经过昭平时遇难。遇难后，五将被敕封为神，庙食昭平地区。此外，五将亦有很多宋代显灵的故事，包括御寇有功等事迹。昭平地区甚至有五将滩与五将堡的地名。在明清时期，来往府江的客商均需祭拜五将。因此，在五将信仰的元素中，一方面有着浓厚的军事色彩，而另一方面则有着“保佑商民”的功能。

五将信仰的推广，与万历年间府江兵备副使陈应春有着密切的关系。陈应春为福建人。万历年间，明政府为打通府江商道，派陈应春率兵平定府江流域的“蛮贼”。平定地方之后，陈应春为教化地方，开始积极推广五将信仰。当时，五将仅为另一神明——广运王的陪祀神明。陈应春将五将从广运王信仰中独立出来，成为主祀神明，且不断强调其于地方社会的功绩。而其背后的关键原因，在于五将本仅为广运堡下属的卫所军队所祭祀。在平定府江的战役中，这些卫所军队战功卓著，故其信仰亦得到褒奖，五将因此成为了保护府江商道的神明。此为五将信仰的大概由来。

该碑主要内容为列举嘉庆十七年昭平里各排乡绅捐赠祀田的具体情况。碑文中所提及的潘文刚、梁国璋、廖焄成均非来自英家村，而是昭平里各排颇具声望的乡绅。如果翻阅乾隆及民国的《昭平县志》，我们不难发现，这些乡绅所属的宗族均为当地大族。这些大族在明末时多为军户，受陈应春等武官之命征讨府江、思懃江沿岸“蛮贼”。平定地方之后，这些军户成为了影响地方社会最重要的政治力量。入清以后，这些军户不仅经营土地，而且还从事商业贸易活动。其不仅通过创建宗族控制当地乡村，还通过捐赠土地，控制交通枢纽上的庙宇，以此确保自身利益。在乾隆二十年《昭平县志》的修纂中，这几大宗族均为重要参修者。

这一结构在碑文中有着清晰的体现：

伏以侯德渊深辉煌，俎豆……信潘仕珍、梁国璋、朱……潘文刚、黄秀龙、黄仕……籍隶昭潭，家居安……之也。然祀事之孔□必有祀田，然后可以告丰洁也。是以爰集同人，乐意捐金，买受土名北帝庙后两头泻田二丘，系昭平里一排廖龙六户官米一斗六升，廖觉易户民米一斗。又横高仔田一丘，系□排廖焄成户民米一斗四升。又鱼梁尾田四丘，系二排吴罗伍户民米五升。又纱帽田共大小六丘，系八排陶祐梁□户民米三斗三升五。共粮米收入二排，祭祀五将庙。户作为祀田，流垂永远，敬奉五将侯王座前。

碑文中所提及的里排制度即里甲制度，为明清时期王朝政府征收赋役制度的方式。在里排制度之下，以一百一十户为一里，推丁粮多者十户为长；剩余百户为十甲，甲凡十人。每年轮流由里长一人、甲首一人，催征租税；凡十年一周，曰排年，故称“里排”。因此，该祀田碑的刻立，表面上是昭平里各排几姓乡绅捐入祀田以祭祀五将之用，但实际上是由各排乡绅组成，控制商业枢纽的权力联盟。

因此，透过该碑的内容，我们不难看到明末至清初桂东地区的历史变迁：明末以后，昭平地区的军户成为了地方社会权力秩序的实际主导者，其不仅控制田产，还积极参与商业活动。而其主导商业秩序的重要方式，就是通过祀田的捐赠控制交通枢纽的商业神明。

嘉庆十七年《祀田碑记》

时局与经济

宗教与盐政
——正德九年《重建冰井禅寺记》解读

明中叶以后，盐政遂为两广军饷所赖。因此，盐政问题亦是我们理解明代两广地区政治与军事制度的关键。《重建冰井禅寺记》刻立于正德九年（1514）五月，反映了明正德年间总镇、总督与总兵的关系及明政府处理盐政的具体情况。该碑原存于梧州市北山公园碑廊，现存于梧州市博物馆内。

该碑主要记载了正德九年两广总镇潘忠重修冰井禅寺的基本情况。冰井禅寺位于梧州东城外，因寺有冰井而得名。有明一代，冰井禅寺为官寺，地位颇高，两广高级官员多次修葺及赋诗题词，为一方名胜。事实上，冰井禅寺成为地方风景名胜，可追溯至唐代。唐大历间，经略使元结过梧，铭曰：火山无火，冰井无冰。冰井遂成为名胜。宋以后，冰井寺屡有重修。冰井禅寺的重要地位，与梧州城的“风水话语”有着密切关系。梧州城南对江为火山，火山又相传与当地瘟瘴相关，故历代官员一直有“冰井镇火山”之说。因此，冰井禅寺为王朝国家治理岭南地区的文化元素之一。

明正统以后，桂平大藤峡地区“瑶乱”日趋严重，成为了影响岭南地区社会稳定的因素。地处两广交界的梧州城的战略地位随之上升，明政府需要凭借梧州城防止瑶人“东窜”，梧州城的官寺亦因此变得更为重要。天顺六年（1462），两广巡抚叶盛宿兵梧州，在冰井上修建漫泉亭。成化初年，韩雍平定大藤峡后，重建冰井寺，并立有大寿碑，并盖之以亭。民间流传着该碑相传为吕洞宾所书的传说。因此，在平定大藤峡瑶乱以后，冰井禅寺在官方祭祀系统中的地位进一步上升。此为明代冰井禅寺的基本情况。

韩雍在平定大藤峡瑶乱以后，对两广的军事、政治制度作了重大改革，设总府于梧州，以统合两广。总府包括总督、总兵及总镇太监。正德八年（1513），总镇太监潘忠倡议，与时任总督林廷选以及总兵朱麒一起重修了冰井禅寺。这一重修活动的组织者的结构反映了当时两广权力格局三分的局面。值得注意的是，碑文只追述了叶盛与韩雍的功绩，而没有提及包括陈瑄在内的历任总镇。这一情况说明该寺原为巡抚、总督等文官所主导。但关于正德八年的重修，碑文则重点强调了潘忠的主导地位，从侧面反映了当时并非由两广总督而是由总镇太监主导倡修。

冰井禅寺此次重修的背后，隐藏着巨大的盐利问题。碑文中写道：“其所费不取于官，不科于民。凡民之就役者，皆厚以工食。”不取于官、不科于民，即意味着重修的费用为商户所捐。“厚以工食”更说明此次费用不赀。在韩雍改革两广军事、行政制度之后，盐政成为了两广军饷的重要来源。广东盐引可越境销往广西，同时，两广政府在梧州设卡，对越境之盐抽税。盐商亦因此成为影响两广政局的重要力量。如果结合这一背景，我们不难判断，正德八年冰井禅寺重修的费用实际上来自盐商的捐助。碑文中所提及的“番禺黄洪”，即为当时的广东盐商。

同时，冰井禅寺此次重修的本质为正德年间太监潘忠主导的对盐法的重整。因盐利巨大之故，当时两广官员贪腐的情况甚为严重。嘉靖元年（1522），即冰井禅寺重修后的数年，总兵朱麒受到弹劾。朝廷在核查两广军饷时，发现其走私私盐，存在严重的贪腐行为。这一情况说明两广已非宋元时的“南蛮之地”，到两广为官已成为了当时的“肥差”。正德初年的广西总兵焦淇甚至通过贿赂太监刘瑾获得了总兵一职。

根据碑文的记载，潘忠在倡修冰井禅寺之后，盐商再为寺庙在东门外购置了田产数十亩以供“祝厘香灯之费”。冰井寺的寺产来源，充分证明了粤商在梧州城内的地位。

在明代中叶，梧州城东外的冰井禅寺已为官员与盐商联结关系的重要场域。官员与盐商透过“文化的再造”，不断强化两广盐政，以此维系明代军事财政的供给。

正德九年《重建冰井禅寺记》

初定八桂

——顺治八年《重建福胤庵碑文记》解读

明清鼎革之际，广西地方社会秩序发生了重大变革。但这一时期因文献散佚极为严重，学界对其情况的了解仍非常有限。《重建福胤庵碑文记》是我们了解清顺治年间广西地方政局与社会经济重建的珍贵碑刻文献。该碑刻立于顺治八年（1651），现存于桂林市七星公园碑廊内。

《重建福胤庵碑文记》为定南王孔有德所立。作为明末降将，孔有德对明末清初的历史进程产生了重要的影响。顺治六年（1649），顺治帝封孔有德为定南王，并命其南下广西攻打南明永历政权。顺治七年（1650），孔有德攻占桂林。顺治八年，孔有德率广西巡抚、都督等一众官员重修福胤庵，以此宣示权威，确立清政府对广西地方社会的统治。但就在该碑刻立之后的翌年，南明将领李定国率军从湖南南下围攻桂林，孔有德自刎身亡。孔有德主政广西的时间仅为一年，因此该碑的历史价值就更显珍贵。

该碑原存于福胤庵内。但关于福胤庵的基本情况，广西地方志中并无相关记载。根据碑文所记载的平定广西的内容，笔者推测福胤庵很可能就是定粤寺的别称。定粤寺位于现今桂林市叠彩景区内。孔有德入桂林城后，一方面需要控制宗教以宣示政治权威，另外一方面则需要与前明的宗教体系保持距离。朱明王朝对道教最为推崇，故孔有德选择重建佛寺而非道观。

孔有德在碑文中一方面宣示皇恩浩荡，另外一方面表露了藐视广西老百姓的态度。其在碑文中写道：“工之兴也，穷困小民皆得奔走衣食其中，以为度日之计。殿之落也，睹像知敬，过庙起畏，然后蠢尔粤黎，始知君上之尊、佛教之严。”言下之意，是其施恩重修福胤庵，老百姓才得以有衣食。同时，又将老百姓称为“蠢尔粤黎”，傲慢的态度显而易见。“过庙起畏”充分表明了孔有德树立权威之意。

在碑文之中，孔有德不仅强调“定粤”，还确立了“定粤”后的权力座次。该碑的捐助名列并非如普通碑刻那样，从右至左，按照地位、捐助金额依次排序。该碑是按照孔有德“升堂”后，不同官员的官阶座次而排序。在捐助名列中，完全没有满人的名字，这一情况也反映了当时孔有德对军队及地方政局的绝对控制。这一点从侧面证明孔有德并非忠于清王朝，而是意图在广西建立属于自己的势力范围。

更值得注意的是，该碑出现了四条五爪龙。在王朝国家时期，对龙图腾的使用有着极为严格的规定，五爪龙只有皇帝才能所用。该碑雕刻了四条五爪龙，清楚表明孔有德并非甘心臣服于清王朝，其反清之心昭然若揭。讽刺的是，孔有德立碑后的第二年即被李定国围城，被逼自刎。否则，其完全有可能与三藩——

顺治八年《重建福胤庵碑文记》

吴三桂、尚可喜、耿精忠一同反清作乱。

在捐助名列中，除了有官职的官员外，还有许多地方士绅及商人。这一情况说明孔有德希望通过福胤庵笼络地方精英，以巩固统治。但值得注意的是，虽然参与捐修的人物均为当时的实权人物，但捐助的金额并不大，最大单笔的捐助仅有十两。捐助金额之小也反映了清初桂林地区经济的萧条。

另外，碑文的捐助名列中有许多在顺治时期对广西政局影响尤深的人物。如广西巡抚王一品，左右翼镇都督线国安、曹德先，前翼镇都督马蛟麟等。其中尤为值得提及的就是线国安。线国安，字为山，奉天人，为孔有德部将。顺治七年，线国安从孔有德征广西，先下桂林，再入柳州，进而取南宁，战功卓越。顺治九年（1652），李定国围攻桂林的时候，线国安正在南宁镇守。获悉战况后，线国安立刻率兵前往桂林解围，李定国遁走衡州。线国安遂收复桂林城。顺治十年（1653），李定国再犯广西，线国安再次败之。

明末清初，广西的社会、经济发生了一系列重大的变化，而这些变化与政局的更迭有着密切关系。该碑可以让我们从另一个侧面了解到清初广西地方局势的动荡。